U1000349

深圳市人文社会科学重点研究基地成果
国家高端智库综合开发研究院（中国·深圳）出品

企业家社会资本对企业多元化战略与经营风险的影响研究

韦福雷◎著

RESEARCH ON THE IMPACT OF ENTREPRENEURIAL SOCIAL CAPITAL ON ENTERPRISES DIVERSIFICATION STRATEGY AND OPERATION RISK

中国经济出版社
CHINA ECONOMIC PUBLISHING HOUSE
北京

图书在版编目（CIP）数据

企业家社会资本对企业多元化战略与经营风险的影响研究/韦福雷著.--北京：中国经济出版社，2022.9
ISBN 978-7-5136-7087-6

Ⅰ.①企… Ⅱ.①韦… Ⅲ.①企业家-社会资本-影响-企业战略-研究②企业家-社会资本-影响-企业经营管理-风险管理-研究Ⅳ.①F272

中国版本图书馆 CIP 数据核字（2022）第 166022 号

责任编辑　赵静宜
责任印制　马小宾
封面设计　久品轩

出版发行　中国经济出版社
印 刷 者　北京科信印刷有限公司
经 销 者　各地新华书店
开　　本　710mm×1000mm　1/16
印　　张　12.75
字　　数　210 千字
版　　次　2022 年 9 月第 1 版
印　　次　2022 年 9 月第 1 次
定　　价　88.00 元
广告经营许可证　京西工商广字第 8179 号

中国经济出版社 **网址** www.economyph.com **社址** 北京市东城区安定门外大街 58 号 **邮编** 100011
本版图书如存在印装质量问题，请与本社销售中心联系调换（联系电话：010-57512564）

版权所有　盗版必究（举报电话：010-57512600）
国家版权局反盗版举报中心（举报电话：12390）　　**服务热线**：010-57512564

前　言

PREFACE

企业家社会资本是支持企业持续发展的重要资源，这已经成为国内外学者的共识。近年来，越来越多的学者关注企业家社会资本对企业多元化战略、企业经营风险的影响，并开展了诸多研究。但是，企业经营过程犹如一个黑箱，隐藏在企业家社会资本、多元化战略和经营风险关系背后的机理尚不明了。尤其是该领域针对中国实际情况的系统性研究不多，缺乏综合考虑企业家社会资本、企业动态能力等因素对多元化战略和经营风险影响的研究。

基于中国社会关系文化的背景，企业家社会资本的作用更加不容忽视。当前，中国经济正处于转型的关键时期，在经济增长放缓和强力反腐的新常态下，系统研究企业家社会资本对多元化战略与经营风险的影响具有重要的理论和现实意义。

本书系统梳理了相关研究文献，研究了企业家社会资本影响多元化战略与经营风险的内在机理、企业家社会资本对多元化战略的影响以及企业动态能力在其中发挥的作用、企业家社会资本对企业经营风险的影响以及多元化战略在其中发挥的作用。

首先，系统梳理了相关的研究文献，界定了企业家社会资本、多元化战略和经营风险等基本概念。基于企业家社会资本、资源基础、动态能力和制度基础理论分析了企业家社会资本对多元化战略和经营风险的影响，提出了相关研究假设，并揭示了企业家社会资本影响多元化战略和经营风险的机理。

其次，为了明确企业家关于社会资本对企业多元化战略与经营风险影响的相关认知，通过问卷调查针对企业家社会资本及其对多元化战略与经营风险的影响进行探索性分析，结果显示企业家社会资本对多元化战略的选择具有促进作用；不同所有制企业的企业家社会资本存在明显差异，国有企业和外资企业的企业家社会资本普遍低于民营企业家；在企业经营过程中企业家社会资本、企业动态能力对分散经营风险具有重要的作用；市场化程度影响了企业家社会资本作用的发挥，但是企业家社会资本的价值不会随着市场化程度的提高而逐渐消失。

最后，基于上海和深圳 A 股市场上市公司 2011—2017 年的面板数据，实证分析了企业家社会资本、企业动态能力、多元化战略与经营风险的关系。基于企业家社会资本、企业动态能力和多元化战略的研究显示，企业家社会资本对企业多元化战略具有显著的正向影响，企业家社会资本越丰富越倾向于实施多元化战略；企业家社会资本对企业动态能力具有显著的正向影响；企业动态能力对企业多元化战略具有显著的正向影响；企业动态能力在企业家社会资本影响多元化战略过程中起到显著的中介效应。基于企业家社会资本、多元化战略和经营风险的研究显示，企业家社会资本有利于分散企业经营风险；在转轨经济背景下多元化战略增加了企业经营风险；多元化战略在企业家社会资本与经营风险之间的关系中发挥了调节作用，弱化了企业家社会资本对经营风险的分散作用；从企业治理的角度来看，管理层持股对企业经营风险具有显著的正向影响，而股权集中度对企业经营风险具有显著的负向影响。结合实证研究的相关结论，提出了管理启示和对策。

本书在借鉴已有研究成果的基础上，系统分析了企业家社会资本、企业动态能力与多元化战略和经营风险的关系，揭示了其内在的作用机理，丰富了该领域的理论研究，在理论上有所创新。本书通过实证研究明确了企业家社会资本、企业动态能力、多元化战略、经营风险的关系，为企业经营提供了参考依据，在实践中具有一定的指导意义。

目 录

CONTENTS

第 1 章

绪 论

1.1 研究背景

1.1.1 企业家社会资本对企业经营发展的影响

改革开放40多年，中国经济实现了高速增长，创造了世界经济发展史上的奇迹。国内生产总值从1978年的3679亿元增长到2017年的82.71万亿元，年均增长速度达到9.5%，2017年对世界经济增长的贡献率已达到34%。[1]改革开放40多年也是中国从计划经济向市场经济的转轨期，随着改革开放不断深化、产权制度和现代企业制度逐渐建立，涌现出了一大批企业家，形成了庞大的企业家群体。熊彼特（1912）指出经济发展的根本动力是创新，企业家意志和行为是创新的灵魂。[2]2014年，习近平总书记在亚太经合组织工商领导人峰会上强调，“全面深化改革，就要激发市场蕴藏的活力。市场活力来自于人，特别是来自于企业家，来自于企业家精神”。中国企业家已成为市场经济中生产要素的核心配置力量，在经济活动中发挥着越来越重要的作用。

由于中国经济转轨采取的是渐进式的增量改革，使得中国企业家群体的成长过程以及企业家个人特质均被打上了鲜明的时代烙印。从整个企业家群体来看，其成长受制度影响非常明显。由于改革过程中制度的创新和变革是阶段性的，所以企业家群体的成长也呈现出显著的阶段性特征。20世纪80年代改革开放初期、1992年邓小平南方谈话、2001年加入世贸组织等重要历史时点所释放出的制度红利均有力地促进了企业家群体的发展。从企业家个人特质来看，社会资本已经成为影响其经营管理的重要因素。改革开放进程中，市场机制和制度体系不完善，于是企业家选择通过社会资本来维护自身权益、获取稀缺资源，从而使得企业家社会资本成为制度环境的替代品，在企业经营中发挥了重要作用。[3]企业家也通过各种方式积累和强化自身社会资本，形成了众多正式和非正式的组织，如各类企业家商会、商帮及其他组织。

作为企业的领导者和代言人，企业家是企业发展战略和经营策略的主要决策者和执行者。改革开放以来，我国的营商环境虽然一直在优化，但是企业发展仍然面临市场机制和制度环境不健全等问题的影响。在此背景下，企业家社会资本对企业发展战略选择和经营风险管理均具有重要影响。

从战略选择的角度来看，经济转轨期企业战略选择与制度变迁密切相关，在这种背景下，企业家社会资本对多元化战略的选择具有重要影响。从国外来看，多元化战略在全球主要发达国家的企业发展历史中均发挥了重要作用。美国企业的多元化扩张始于“二战”之后，并在 20 世纪 70 年代初达到高峰。在《财富》世界 500 强企业中，美国 1949 年只有 30%的企业实施了多元化战略，而到 1974 年该比例已经高达 63%。[4] Chandler（1962）甚至直接指出大企业的战略核心就是多元化。[5]欧洲企业的多元化也始于“二战”之后，到 20 世纪 90 年代中期英国、德国和法国实施多元化战略的大型企业约占企业总数的 2/3。[6]但是，在实践中有许多企业因为实施多元化战略而陷入困境。因此，学术界从 20 世纪 80 年代开始从资源基础[7~8]、委托代理[9]、竞争力[10]等视角反思多元化战略存在的问题。众多企业开始剥离非核心业务实施专业化经营，从而形成了“归核化”（Refocusing）的浪潮，1980—1990 年《财富》世界 500 强企业的多元化指数一路从 1.00 下滑到 0.67。[11]中国企业从 20 世纪 80 年代开始学习和模仿西方企业的多元化战略。到 90 年代中期，基于国外对多元化战略的反思，国内学者也开始反对企业实施非相关多元化战略。但是，在 20 世纪 90 年代中后期中国反而掀起了实施多元化战略的浪潮，随后又进入了一个低潮期，并在 21 世纪初期又重新呈现上升趋势。根据姜付秀（2006）的统计，2001—2004 年中国大约有 2/3 的上市公司实施了多元化战略。[12]当然，中国企业实施多元化战略的结果也不尽如人意，巨人、太阳神、春兰等众多企业的多元化均以失败告终。为什么会出现这种现象呢？学者们通过研究发现，在中国等新兴经济体国家或地区，企业实施多元化是适应外部环境的结果。[13~15]就中国而言，转轨期制度环境不完善是企业选择多元化战略的重要原因。[16]首先，由于资本、土地、劳动力等要素市场不完善，迫使企业实施多元化以通过内部市场配置资源[17]；其次，由于制度不完善使得市场分散、并购市场效率低下，企业难以通过并购等方式纵向整合做强做大主营业务，实施多元化成为其实现扩张和增长的重要手段[13]；最后，地方政府官员出于政绩需要偏爱大企业，企业为了获得发展机会、资源和空间而迎合政府或者在政府干预下实施多元化战略以扩张规模。[18]在这样的外部环境下，社会资本丰富的企业往往更容易获得发展机会、获取稀缺资源、取得低风险高收益的投资项目，也更容易实施多元化战略。

从经营风险管理的角度来看，经济转轨期不完善的外部制度环境使得企业家将社会资本作为化解经营风险的重要方式。中国在从计划经济向市场经济转轨期间，法治环境仍不健全，统一、公平的市场机制尚未完全建立，行政干预广泛存在并具有很大的随机性。[19]这些特点给企业发展带来了更多的不确定性，使其经营面临更多的风险。企业家为了应对外部环境的不确定性，往往寄希望于通过增强社会资本来规避经营风险。具体而言，企业家通过与政府以及官员建立关系、积极参政议政、加入一些企业组织等非正式机制来平衡外部环境的不确定性。

1.1.2 新时代企业家社会资本面临重构转型

改革开放40多年来，企业家社会资本的确在企业经营发展中发挥了重要作用，但是也产生了很多负面影响。其中，最大的负面影响就是通过非正常的政商关系谋取利益，从而助长了腐败。毋庸讳言，一些企业家认为只要与掌握话语权的官员搞好关系就能取得行业或者区域的准入资格、获得企业发展的稀缺资源，从而导致以权谋私。近年来，政府反腐的力度越来越大。2014年，习近平总书记在十八届中央纪委第三次全体会议上指出要以“猛药去疴的决心，重典治乱的决心，以刮骨疗毒、壮士断腕的勇气”将反腐进行到底。党的十八大以来，已有180余名省部级及以上官员落马。透过反腐案件可以发现，由于政商之间的关系盘根错节，每名腐败的官员背后都有一批企业家被波及。卷入贪腐案件之后，企业家苦心经营所塑造的企业品牌、形象也往往毁于一旦。

关于政商关系，习近平总书记曾多次论及并指出了方向。2013 年，习近平总书记在参加十二届全国人大一次会议江苏代表团审议时就曾指出“官”“商”交往要有道、相敬如宾，不能勾肩搭背、不分彼此，要划出公私分明的界限。2016 年 3 月 4 日，习近平总书记在看望出席全国政协十二届四次会议的民建、工商联界委员时，首次提出要建立“亲”“清”新型政商关系。对政府官员而言，“亲”就是坦荡真诚地同企业交往，积极为企业服务，帮助解决困难；“清”就是同企业家的关系要清白、纯洁，不能有贪心私心，不能以权谋私、搞权钱交易。对企业家而言，“亲”就是积极主动同党政及部门沟通交流，说实话、建诤言，满腔热情支持地方发展；“清”就是要洁身自好、走正道，遵纪守法办企业、光明正大搞经营。正所谓政商“亲”则两利、“清”则相安。习近平总书记通过“亲”“清”二字阐明了新型政商关系的核心，为良性企业家社会资本的构建奠定了基础。

党的十八大以来，政府大力推动市场化和法治化建设，进一步明确市场在资源配置中的作用，积极推进简政放权，不断优化营商环境。中共十八届三中全会通过的《中共中央关于全面深化改革若干重大问题的决定》明确提出了“紧紧围绕使市场在资源配置中起决定性作用深化经济体制改革”。2016 年政府工作报告将推动简政放权列为重点工作，指出以敬民之心，行简政之道，切实转变政府职能、提高效能。政府积极通过减权限权和监管改革释放市场活力和社会创造力。2017 年 9 月 8 日，中共中央、国务院印发了《关于营造企业家健康成长环境弘扬优秀企业家精神更好发挥企业家作用的意见》，进一步明确保护企业家权益，强调营造促进企业家公平竞争、诚信经营的市场环境以及尊重和激励企业家干事创业的社会氛围，弘扬企业家创新发展、专注品质、追求卓越的精神。2017 年 10 月，习近平总书记在党的十九大报告中指出，加快完善社会主义市场经济体制，以完善产权制度和要素市场化配置为重点，实现产权有效激励、要素自由流动、价格反应灵活、竞争公平有序、企业优胜劣汰。2018 年 1

月，最高人民法院发布《最高人民法院关于充分发挥审判职能作用为企业家创新创业营造良好法治环境的通知》，指出为企业家创新创业营造良好法治环境，依法保护企业家人身自由、财产权利、自主经营权，为企业安心创业、投资和经营保驾护航。在政府的持续努力下，中国的营商环境得到了大幅改善。根据2018年10月世界银行发布的《2019年营商环境报告：为改革而培训》，中国从2017年的第78名上升至第46名。

随着中国经济市场化程度日益提高、法制体系不断完善、政府权力不断下放、行政干预逐渐减少，企业的营商环境进一步改善，竞争环境更加公平。在市场决定资源配置的背景下，企业将无法通过政府的关系网络获取稀缺资源。但是，也要认识到政商关系是一种客观存在，并且仍然是影响企业经营的关键因素。企业的经营必须接受政府的监管也需要政府提供相关的支持，而政府则需要为企业提供良好的营商环境，以企业为载体促进经济发展。透明的、合法的、阳光的新型政商关系是促进企业和经济发展的推进器。因此，对于企业而言，正确认识政商关系以及企业家社会资本，并发挥其积极作用是非常重要的。在新的时代背景下，企业家社会资本面临着转型，企业应该主动适应这种变化，构建新型企业家社会资本。

综上所述，在中国改革开放进程中，法律、制度、体制等外部环境的不完善使得企业家社会资本成为企业维护自身权益、获取资源和应对风险的重要手段，对企业发展产生了举足轻重的影响，导致企业家社会资本、企业动态能力、多元化战略以及经营风险之间存在千丝万缕的联系。当前，企业经营的外部环境正在急剧变化，对企业家而言有机遇也有挑战。一方面，保护企业家权益的政策体系和营商环境正在形成，中共中央、国务院以及相关部门连续发布保护产权和弘扬企业家精神的重要文件，党的十九大报告明确提出激发和保护企业家精神，为保障企业家权利和企业发展提供了良好的制度环境。另一方面，企业家也面临着诸多挑战，中国经济进入中高速发展的新常态，强力反腐也成为常态，随着市场机制和监管体系的完善，以往企业家社会资本在某些方面的作用将会弱化，企业家社会资本亟待重构转型。在此背景下，正确认识企业家社会资本对企业战略决策和经营风险的影响及其作用机制显得紧迫而必要。

基于上述分析，在中国从计划经济向市场经济转轨的过程中，制度红利在很大程度上影响了企业家群体的形成和发展；同时，由于转轨期间法律、制度、体制等外部环境不完善，使得企业家社会资本成为支撑企业发展的重要能力和资源，对企业的战略决策和经营风险具有重要影响。因此，企业家社会资本、多元化战略与经营风险之间存在着紧密联系。但是，企业经营过程犹如一个黑箱，企业家社会资本影响多元化战略与经营风险的机理尚待深入、系统研究。本书依托相关理论探索企业家社会资本对多元化战略与经营风险的影响，并深入研究其内在的作用机理。

1.2 研究意义

企业家社会资本对企业发展的作用越来越受到学术界的关注，然而现有研究主要集中在企业家社会资本对企业绩效、企业创新能力的影响等方面。本书从理论和实证两个维度深入分析企业家社会资本对多元化战略和经营风险的影响，具有较强的理论和实践意义。

1.2.1 理论意义

（1）丰富了企业家社会资本理论。借鉴国内外研究成果，以中国转轨经济为背景，构建了企业家社会资本的度量体系，通过大样本实证研究企业家社会资本对企业多元化战略和经营风险的影响，丰富了企业家社会资本领域的理论研究成果。

（2）丰富了企业战略管理理论。国内外关于多元化战略的理论研究与中国企业的具体实践存在较大的差异。大量研究表明多元化战略尤其是非相关多元化不利于企业核心竞争力的提升，但是中国企业在实践中仍然大量选择多元化战略。本书以相关理论为基础，从中国转轨经济的背景和企业家社会资本的视角出发，构建了“企业家社会资本—企业动态能力—多元化战略”分析模型，揭示了其相互之间的作用机理，解释了中国企业选择多元化战略的动因，明确了企业动态能力对企业家社会资本与多元化战略关系的中介效应，进一步丰富了企业战略管理领域的理论研究成果。

（3）丰富了企业经营风险管理理论。目前，学术界关于企业家社会资本与经营风险关系的研究多停留在定性研究的层面，缺乏实证研究成果。并且，关于多元化与经营风险关系的研究仍然存在不同的观点。本书基于“制度—行为”范式，构建了“企业家社会资本—多元化战略—企业经营风险”的分析模型，揭示了其相互之间的作用机理，实证研究了企业家社会资本、多元化战略对经营风险的影响，并进一步明确了多元化战略对企业家社会资本与经营风险关系的调节效应。为企业家社会资本与经营风险关系的研究贡献了新思路，丰富了经营风险管理领域的研究成果。

1.2.2 实践意义

（1）对中国企业的多元化经营实践具有借鉴价值。中国仍处于经济转轨的特殊发展阶段，法律制度体系、市场机制还在不断完善，加之中国注重“关系”的特殊文化底蕴，致使企业家社会资本等非正式因素在企业战略决策和资源配置中发挥着重要作用。同时，企业决策者在考虑实施多元化战略时，都会考量企业战略与其动态能力的互动和匹配。虽然，企业家社会资本能够激发实施多元化战略的动机，但是只有动态能力具备足够的支撑能力才能保障多元化战略的实施效果。因此，本书关于企业家社会资本影响多元化战略的机制，以及动态能力对两者关系影响的实证研究结论对中国企业合理选择多元化战略、有效提升企业核心竞争力和经营成果具有很强的实践指导意义。

（2）对企业运用企业家社会资本应对经营风险具有借鉴价值。企业家社会资本作为企业的特殊资源和能力，能够帮助企业规避和应对经营风险。丰富的社会资本又为企业实施多元化战略提供了动机，而根据中国企业的经营实践多元化会增加经营风险。本书关于企业家社会资本、多元化战略影响经营风险，以及多元化战略在企业家社会资本影响经营风险过程中发挥调节效应的结论，为企业利用企业家社会资本应对经营风险提供了参考。

（3）为政府制定相关政策提供决策参考。本书充分论证了企业家社会资本的重要作用，揭示了企业家社会资本影响多元化战略与经营风险的机理。在当前国家积极保护企业家权益、大力提倡构建“亲”“清”新型政商关系和鼓励弘扬优秀企业家精神的背景下，本书的相关成果为政府制定政策，建立公平竞争、以法治为基础的市场营商环境，鼓励和引导企业家发挥社会资本的积极作用，使之服务于企业经营和经济增长具有重要参考价值。

1.3 国内外研究现状及评述

1.3.1 企业家社会资本的研究现状

1.3.1.1 企业家社会资本相关概念的研究现状

“企业家”的概念在不同历史时期具有不同的内涵。“企业家”的概念源于16世纪的欧洲，主要指当时组织武装探险和殖民活动的军队官员。Cantillon（1755）首先将“企业家”的概念引入经济学理论，将企业家与经济学中的风险理论结合起来，认为企业家是从事商品交换并获取不确定收益的人。[20]后来，萨伊（1803）较为严格地定义了企业家的概念，指出企业家是将土地、资本和劳动力等生产要素整合起来获取收益的人；而马歇尔（1890）则将企业家作为独立的生产要素进行研究，认为企业家是连接潜在生产要素和潜在消费者的桥梁，企业家才能是除土地、劳动和资本之外的第四种生产要素。[21]熊彼特（1912）强调创新是企业家的特质，认为企业家是通过创新实现生产要素新组合的经理人。[2]Knight（1921）强调企业家敢于承担风险，识别隐藏在不确定性背后的获利机会并采取行动获取利益。[22]Gartner（1985）从组织的角度出发阐释了企业家的内涵，指出企业家是新组织的创建者，并强调这是企业家与企业管理者之间的本质区别。[23]综观上述种种定义，可以发现企业家的内涵在不断延伸。基于已有研究，本书认为企业家是能够识别市场机会，并发挥个人的经营才能和社会关系组织协调生产要素开展生产和经营活动，承担风险获取收益的人。

“社会资本”的概念是由经济学中的“资本”逐步演变而来的。古典经济学把资本、土地和劳动并列为基本生产要素，将资本定义为一种能够生产产品的“产品”，但是当时资本的范畴仍然停留在物质资本的层面。[24]到了20世纪中叶，Schultz和Becker将“人力资本”的概念引入分析框架之后才将其范畴拓展开来。此时，人力资本关注的是个人通过教育、职业培训、保健以及迁移等活动的投入所形成的资本，并没有考虑人在运用资源时所依赖的社会关系。Bourdieu（1979）最早提出了“社会资本”的概念，他在《区别：趣味判断的社会批判》中将资本划分成了经济资本、社会资本和文化资本3种类型，并对社会资本进行了明确的界定，将其定义为现实的或潜在的资源所构成的集合体，但是他认为社会资本、文化资本最终都会转化为经济资本，这一观点忽略了其他类型的资本所具有的独特效用。[25] Granovetter（1985）认为社会资本是人、组织相互之间在交流过程中形成的连带关系，并将其分为强关系和弱关系。[26]

20世纪90年代之后，国外学者针对社会资本的功能和影响开展了广泛的研究。Coleman（1988）指出社会资本不会单独依附于某个人，也不会依附于物质生产过程，而是个人所拥有的、嵌入在关系网络结构中的社会结构资源，社会资本能为人们提供物质和精神支撑，加快信息的传递、推动社会组织的建立、促进公共事业的发展；但社会资本也因组织的排外性而产生社会交往成本和腐败行为等负面影响。[27] Putnam（1992）认为社会资本是那些可以通过统一人们的行为而提升效率的信任、规范以及网络的集合，并指出社会资本包含在人与人的关系中，是全社会所共享的资源，一个国家社会资本的多寡甚至决定了其经济及法制的发展进程。[25] Fukuyama（1996）研究了社会资本与社会经济发展的关系，发现社会经济发展在很大程度上受到社会资本丰裕程度的影响，并指出社会主体间的信任程度是社会资本的重要组成部分，也是影响社会经济发展的重要因素。[28] Portes（1995）把社会资本界定为个体从自己所属的社会网络以及更广泛的社会结构中获取资源的能力，并指出社会资本存在诸多消极作用，社会网络具有一定的排外性，对网络内成员设定了严格的要求，通过规范统一其行为，限制了成员的创新能力。[29] Lin Nan（2001）对社会资本做了更为综合性的概括，指出社会资本是个体通过投资社会关系网络所积累的一种能够获取相关利益的资源，它能够促进信息的流动、对代理人施加影响、基于信任获取资源、强化身份和认可。[30]

国内学者关于社会资本的研究始于 20 世纪末，相对国外而言起步较晚。张其仔（1997）是国内较早开展相关研究的学者，他认为社会资本是存在于社会网络中的个人资源，其表现形式是社会关系网络，是人与人之间最重要的关系和配置资源的重要方式。[31]李路路（1997）认为社会资本是基于一定组织形成的人与人之间稳定的、相互认可的、持久的网络关系，是一种能给网络成员带来利益的资源，通过社会资本可以获取信息、资源和社会支持。[32]李惠斌和杨雪冬（2000）认为社会资本是社会机构或成员在长期的内外部合作互动中所形成的认同关系，以及在这种关系中所蕴含的历史传统、价值理念、信仰和行为范式。[33]边燕杰和丘海雄（2000）指出社会资本是个人或组织与社会所建立的联系，以及利用这种联系获取稀缺资源的能力。[34]目前，理论界仍然没有对社会资本形成统一的概念，但总结国内外学者的研究成果，可以将相关观点归纳为 4 种：一是基于网络关系观的概念，认为社会资本就是参与者之间形成的社会关系网络；二是基于资源观的概念，认为社会资本就是参与者通过社会网络结构获取的资源；三是基于能力观的概念，认为社会资本就是参与者在社会结构中获取资源的能力；四是基于组织观的概念，认为社会资本具有信任、规范等组织特征。虽然学界对于社会资本概念的定义存在一定差异，但是对于其内涵的认识基本上是一致的，即社会资本是蕴含在社会关系网络中且能给行为主体带来价值的结构性资源。

企业家社会资本（Entrepreneurial Social Capital）是社会资本理论的新兴分支，是社会资本理论在微观和个体层面的延伸。[35]从国外相关研究来看，学者很少使用企业家社会资本的概念，而是习惯用企业家社会关系网络（Entrepreneur's Social Network）的概念。[36]Clyde（1969）认为企业家社会关系网络是企业家与外部利益相关者之间的关系集合，其中所蕴含的资源能够帮助企业获取信息、资源和服务等。[37]Lanmann 等（1978）提出企业家社会关系网络是以企业家社会地位、社会声誉为基础所形成的各种联系的集合。[38]Nahapiet 和 Ghoshal（1998）将企业家社会资本界定为企业内外部社会关系网络中能够用以获取利益的资源集合。[39] Ossie 和 Kevin（2002）认为企业家社会关系网络是个人、组织、网络之间合作互利的产物，也是企业家情感和活动的支持网络。[36] Westlund 和 Bolton（2003）认为企业家社会资本是连接各种资源和要素的桥梁所组成的关系网，它可以帮助企业解决问题。[40] Batjargal 和 Mannie（2004）指出，企业家社会资本是以企业家的个人特征、经历、任职背景为基础形成的、能够帮助其发挥经营才能的基础网络。[41] Acquaah（2007）认为企业家社会资本是企业高管通过其社会关系网络获取的有形和无形的资源。[42] Cao 和 Simsek 等（2015）指出企业家社会资本是企业家与企业内部不同职能部门成员以及外部利益相关者之间的关系。[43]

国内学者也针对企业家社会资本开展了较多的研究，从不同的视角界定了企业家社会资本的概念。李路路（1995）将企业家社会资本定义为企业家所拥有的社会关系。[44]石秀印（1998）指出企业家是联系企业和外部环境的重要节点，承担着获取行政法律、经营管理、生产制造、精神文化等众多资源的责任，通过其获取的各种资源就是企业家社会资本。[45]杨鹏鹏和万迪昉等（2005）将企业家社会资本定义为利用社会关系网络获取所需资源的能力。[46]姜卫韬（2008）用“企业家机会”的概念对企业家社会资本的内涵进行了定义，指出企业家社会资本实质上是通过动员社会关系网络资源来捕捉企业家机会的能力。[47]耿新等（2009）将企业家社会资本界定为嵌入企业家社会关系网络中的资源，以及通过其社会关系网络延伸获得的资源。[48]孙俊华和陈传明（2009，2011）认为企业社会资本的核心是企业家关系网络中所蕴含的各种资源以及动员这些资源的能力。[49~50]魏虹和陈传明（2014）认为企业家社会资本是所有内嵌于社会关系网络中能够被调用的社会关系以及可获取的用于企业经营的资源。[36]李巍和代智豪等（2018）认为企业家社会资本是企业家个体所拥有的、具有攫取资源和赋能等作用的社会关系网络集合。[51]

尽管国内外学者对企业家社会资本的定义存在差别，但是综合相关观点大体可以从网络、资源、能力和多视角的角度将企业家社会资本的定义划分为四大类：从网络观的角度，企业家社会资本是企业家社会关系网络本身；从资源观的角度，企业家社会资本是嵌入在企业家社会关系网络中的资源；从能力观的角度，企业家社会资本是调动和应用企业家社会关系网络资源的能力；还有学者综合考虑各方面因素，认为企业家社会资本是社会关系网络、资源、能力三者的组合。

1.3.1.2 企业家社会资本功能的研究现状

通过梳理国内外关于企业家社会资本功能的研究文献，大致可以将企业家社会资本的功能分为非工具性和工具性两类：企业家通过其社会关系网络建立起利益相关者之间的信任和合作关系，促进彼此之间的良好互动，为企业发展创造良好的外部环境，此为非工具性功能；企业家通过其社会关系网络获取政策、资金、信息、技术、知识等资源，将这些资源转化为企业的动态能力，节约企业交易成本，提升企业的竞争优势，此为工具性功能。

1. 增强网络主体间的信任

信任是社会经济活动的重要基础之一。亚里士多德曾经指出信任是说服力的核心，在以利益博弈为核心的商业世界中没有信任就失去了商业和个人关系的基石。Liao 和 Welsch（2003）指出信任是获取资源的前提，企业家与社会关系网络个体之间的信任程度越高越容易获取相关资源。[52] Brannon 和 Wiklund 等（2013）针对初创企业的研究表明企业成员间的信任关系比其知识和技能的多样性重要。[53]而很多学者指出企业家社会资本恰恰能够增强信任。Putnam 等（1993）认为社会资本的首要内涵便是信任，能够有效促进合作。[54] Fukuyama（1996）认为信任作为一种社会美德与社会资本，推动创造了经济的繁荣。[28] Adler 和 Kwon（2002）也指出社会资本能够增强网络中个体之间的信任，形成一致的力量来实现群体的共同利益。[55]因此，增强信任是企业家社会资本的重要功能，信任机制是企业家社会资本的本质。在信任机制的作用下，企业家与其社会关系网络中的个体紧密联系在一起，为企业更好地获取资源奠定了基础。

2. 弥补信息不对称

信息不对称对企业经营造成了极大的困扰。尤其是中国处于经济转轨期，一方面，受传统计划经济的影响，在传导层级过多、信息披露机制不健全等因素的干扰下，信息流动效率低下甚至被扭曲；另一方面，在市场经济环境下，信息成为商品，竞争对手为了迷惑对方常常散布假消息，致使企业获取的信息存在风险。在企业经营实践中，企业家社会资本成为其获取信息的重要渠道。[56] Coleman（1988）认为“存在于社会关系内部的信息网络”是社会资本的重要形式，处于社会关系网络中的个体利用社会关系获取信息用以指导自己的行动。[27] Burt（1992）提出的结构洞理论认为社会关系网络中的结构洞可以为网络主体提供信息资源。[57] Inkpen 和 Tsang（2005）认为企业家社会资本能帮助企业获取网络之外的信息和知识，增强其竞争力。[58] Ishise 和 Sawada（2009）指出信息共享是社会资本的重要特征。[59] Chen 等（2014）认为知识所有者之间的信任对于知识尤其是隐性知识的传播具有重要影响。[60] 杨惠芳（2017）通过研究发现中小企业家的市场性社会资本为商业信用提供者考察其信用提供了信息渠道，有效缓解了双方之间的信息不对称。[61] 综上所述，企业家社会资本不仅能够帮助企业获取信息，还因网络个体之间的信任而促进和提高了信息交流的速度和准确度，从而弥补了信息不对称对企业经营活动的不利影响。

3. 降低交易成本

降低交易成本是社会资本的经济功能之一。Olson（1982）指出正式制度需要由专门的机构实施并监督和惩处违规行为，而非正式制度以参与者之间的信任和默契为基础实施，因此正式制度的维持成本高于非正式制度。[62] Cheung（1983）认为交易成本其实包含较高的信息成本。[63] 陈传明和周小虎（2001）也指出企业家社会资本使得网络成员之间具备了相互信任的基础，所以在交易过程中能够有效地节省相互了解、讨价还价、谈判、合约制定和执行等环节的时间和资金，从而大幅降低交易成本。[64] 游家兴和刘淳（2011）研究发现企业家社会资本中的网络声誉能够有效帮助企业降低权益资本成本，而且在法律保护较薄弱的地区这种效用更加显著。[65] Moatti 和 Charlotte 等（2015）认为特定交易网络效率的提升，可以显著降低交易参与者的成本支出。[66] 杨惠芳（2017）的研究也表明企业家社会资本能帮助中小企业降低商业信用融资成本。[61] 综上所述，企业家社会资本作为一种非正式制度，其维护成本较正式制度要低，同时企业家社会资本中嵌入着丰富的信息流，能够为企业获取信息提供便利，从而降低交易成本。

4. 促进企业创新

Cooke 和 Wills（1999）认为企业家社会资本能够促使企业与外部创新网络更好地连接，有利于企业之间分享知识和开展创新合作，从而促进企业创新。[67]严成樑（2012）针对中国企业开展的研究表明，社会资本对创新效率、知识生产，尤其是高水平创新具有重要的促进作用。[68]张振刚和李云健等（2016）指出企业家社会资本能够有效促进产学研合作、知识创造、智力资本形成、隐形知识获取，从而促进企业技术创新能力的提升。[69]王涛和陈志军（2016）的研究表明企业家社会资本能够通过提升企业的资源获取能力，从而积极促进其技术创新能力。[70] Xu（2016）的研究表明企业家与科技界的社会联系有力地促进了科研合作，并推动了新的风险创新。[71]万建香和汪寿阳（2016）认为社会资本有利于促进知识传递、构建信任机制和良好的投融资环境，从而促进企业创新。[72]沈颂东和房建奇（2018）从市场、技术和制度的维度研究了民营企业家社会资本与技术创新的关系，结果显示市场社会资本和技术社会资本显著促进了技术创新，但是制度社会资本与技术创新绩效呈倒 U 形关系。[73]综上所述，企业家社会资本能够有效地整合企业内部和外部的创新资源、提高创新效率、降低创新风险，促进企业创新活动的开展。

5. 获取关键资源

企业家积极投资于社会资本的重要动机之一便是通过其获取资源。因此，一些学者直接将企业家社会资本界定为资源（Nahapiet and Ghoshal，1998[39]；边燕杰、丘海雄，2000[34]；梁爽等，2014[74]）或者获取资源的能力（陈传明、周小虎，2001[64]；李巍、代智豪等，2018[51]）。众多学者的研究也验证了企业家社会资本是企业获取资源的重要能力。石秀印（1998）认为企业家是企业与社会环境的关键“接点”，需要为企业获取包括政府行政与法律、生产与经营、管理与经营、精神与文化等 4 个方面的关键资源，而社会资本是企业家获取关键资源的核心能力。[45] Elfring 和

Huksink（2003）认为企业家社会资本可以帮助企业通过社会关系网络获取所需的政策、市场、资金、技术等资源。[75]李淑芬和张玲（2012）的研究表明企业家社会资本与企业资源获取有着密切关系，其中企业家网络规模、网络异质性有利于企业获取运营资源、知识资源。[76]杨惠芳（2017）通过研究发现，企业家能够利用其制度性和市场性社会资本降低信用融资成本，扩大信用融资规模。[61]此外，企业家社会资本还能够帮助企业突破规制障碍，获取管制性行业的准入资格等稀缺资源。

6. 保护企业家产权

由于经济转轨时期关于产权保护的法律制度尚不健全，民营企业家私人财产缺乏保护。近年来，尽管中国出台了很多产权保护法律法规，基本形成了产权保护法律框架，企业家的社会地位也逐渐提高，但是在现实中公权力侵害私有产权的现象仍然存在，导致企业家尤其是民营企业家普遍缺乏安全感。Allen 和 Qian 等（2005）认为在中国投资者保护法制体系不健全的情况下，私有经济能够保持快速发展是因为存在投资者法律保护的替代机制。[77]胡旭阳（2006）认为民营企业家的政治身份是法律保护重要的替代机制之一。[78]罗党论和唐清泉（2009）研究发现地方产权保护越差、政府干预越大、金融发展水平越落后，民营企业越倾向于通过政治关系构建替代保护机制。[79]游家兴和刘淳（2011）认为企业家社会资本能够弥补正式制度在产权保护上的不足，降低企业的经营风险。[65]赵德志和赵曼（2018）认为在法律制度不完备的背景下，民营企业将政治关联作为市场化程度的非正式替代机制，以最大限度地保障产权和利益不受侵害。[80]综上所述，企业家社会资本在一定程度上弥补了法律体系对产权保护的不足，成为企业家保障自己利益的替代机制。

通过梳理文献可以发现，企业家社会资本作为一种非正式制度，在增强信任、弥补信息不对称、节省成本、促进创新、获取资源、保护产权等方面发挥了非常重要的作用。因此，企业家积极构建社会关系网络并积累社会资本，为企业健康、持续经营发展提供支撑。

1.3.2 企业家社会资本与多元化战略关系研究现状

在企业金字塔形的管理架构中，企业家是战略决策的发起者和主导者，对企业发展战略的选择具有绝对影响力。但是，在经典的企业管理理论研究中，研究者假设企业家是完全理性的，战略决策与企业家的特质被隔离开来，完全忽视了不同个体之间所存在的差异。

1984 年，Hambrick 和 Mason 开创性地提出了高阶理论（Upper Echelons Theory，UET），在战略决策的理论框架中引入决策者的认知基础和价值观，强调企业家或决策者个体异质性对企业战略决策具有重要影响。[81]而社会资本是企业家个体异质性的重要表现形式，因此学界开始关注企业家社会资本对企业发展战略决策的影响，并从企业家社会资本获取资源能力、企业所有制性质以及行业等视角开展了相关研究。

1. 基于资源获取能力视角的研究

国内外学者关于企业家社会资本对多元化战略影响的研究成果多从企业家社会资本动员和获取各种资源能力的视角展开。Friendman 等（2003）研究发现企业高管的社会地位能够影响企业的融资机会和成本，提升了企业实施多元化战略的概率。[82]Carpenter 和 Geletkanycz 等（2004）认为具备丰富社会资本的企业家在推行多元化战略的过程中能够得到政府和其他企业的支持，企业家社会资本越丰富的企业越易于实施多元化战略。[83]Guillen 等（2000）[84]对新兴经济体的研究、Chang 和 Hong（2002）[85]对韩国企业的研究均表明企业家社会资本能够帮助企业在投资、授权以及政策等方面获取政府的支持，而来自政府的支持是提升企业多元化程度的关键因素。Perry 等（2005）的研究表明企业选择多元化战略或者专业化战略的决策主要取决于其资源，企业高层管理者作为企业最重要的人力资源，其社会资本自然会影响企业多元化战略的选择。[86]巫景飞等（2008）从上交所选择了 210 家企业，依托其 2004—2006 年的财务数据分析了企业高管的政治关系网络对多元化的影响，结果显示企业高管的政治关系网络显著推动了企业的业务多元化和地域多元化。[87]孙俊华和陈传明（2009）的研究表明转轨经济背景下企业家社会资本多寡对企业实施多元化战略具有重要影响，并指出企业家社会资本越丰富企业就越易于动员和获取资源，企业发展就更加倚重多元化战略。[49]李伟斌（2010）认为企业家社会资本是企业选择多元化战略的关键依据，并进一步将企业家社会资本划分为支持网络、商业网络和动员能力进行研究，发现三者对相关多元化均有正向影响，而支持网络和动员能力对非相关多元化的正向影响较为显著。[88]于克信和谢佩洪（2011）认为在中国转轨经济背景下企业家关系网络成为获取资源和发展机会的重要方式，为实施多元化战略提供了条件。[89]冯栋和杜颜伟等（2011）选取了134家上市公司作为样本开展研究，结果表明企业高管团队的政治关系和跨行业从业经历能够积极促进其选择多元化战略的决策，但是高管团队是否参加相关协会的特质对企业多元化战略决策不具有显著影响。[90]邬绮虹（2014）基于2012年深交所中小板上市公司的数据开展研究，结果显示企业家政治资本与多元化水平的相关关系并不显著。[91]杨艳和邓乐等（2014）认为企业家社会资本能够拓展其资源边界，尤其是通过政治关联可以获取政府支持打破资源约束，帮助企业进入新的领域开展多元化经营。[92]张平等（2017）研究发现企业政治关联能够帮助其获取多元化所需的资源，对多元化战略具有正向影响。[93]刘文楷和潘爱玲等（2017）基于2010—2015年A股上市公司并购事件开展研究，结果显示企业生命周期影响了企业家社会资本与多元化并购之间的关系，在成长期企业家社会资本促进多元化并购，而衰退期则阻碍多元化并购。[94]尽管研究者对企业家社会资本范畴的定义、度量的指标不尽相同，研究结论也不尽相同，但是多数研究成果表明企业家社会资本与多元化战略之间存在密切的联系，企业家社会资本能够促进企业实施多元化战略。

2. 基于企业所有制性质视角的研究

不同所有制性质的企业对企业家社会资本的依赖程度存在差异，企业家的经营决策行为也会有所不同。贺远琼和田志龙（2006）研究发现民营企业、国有企业、外资企业对企业家社会资本的依赖程度依次减弱。[95]因此，国内学者重点以民营企业为对象研究企业家社会资本对多元化战略的影响。胡旭阳等（2008）的研究表明民营企业的政治资源能够积极促进企业实施多元化战略，丰富的政治资源使得企业更容易获得管制行业的准入资格。[96]邓新明（2011）以2002—2005年沪深两市民营上市公司为样本研究政治关联与多元化的关系，发现企业的政治关联与企业多元化正相关，对非相关多元化的影响更为显著。[18]游家兴和邹雨菲（2014）以中国

2005—2010年民营上市公司为样本，从企业家嵌入性网络的视角研究了社会资本对多元化战略的影响，发现企业家社会资本能够积极推动企业多元化战略的决策，而且在法律制度建设较为薄弱的地区这种影响更加明显。[97]魏炜和朱青元等（2017）研究发现民营企业合理发挥政治关联整合资源的优势，能够促进其多元化扩张。[98]冯业栋和宋增基（2019）通过研究发现，中国民营上市公司的政治关联促进了其多元化投资，拓宽了实施多元化战略的空间。[99]根据基于所有制性质视角的相关研究结论，与国有企业相比，民营企业家社会资本更能积极促进企业实施多元化战略。

3. 基于行业视角的研究

还有部分学者研究了某些行业企业家社会资本对多元化战略的影响。杨东进和邓吉（2013）针对房地产行业研究了政治关联与多元化的关系，发现政治关联能够促进企业的业务和区域多元化水平。[100]唐健雄和倪媛玉（2015）以2005—2014年沪深两市旅游上市公司为研究对象，构建了涵盖管理层社会资本、多元化以及经营风险的研究框架，并深入分析了3个变量的相互关系，结果显示旅游业上市公司管理层社会资本对公司多元化战略具有推动作用。[101]根据现有针对行业层面开展的相关研究，企业家社会资本对多元化战略的选择具有积极的促进作用。但是，由于基于行业视角的研究较少，该结论尚不具有普遍代表性。

通过梳理相关文献，国内外学者从资源获取能力、企业所有制性质和行业等视角对企业家社会资本与多元化战略之间的关系开展了诸多研究。虽然学者们研究企业家社会资本所采用的指标不尽相同，涉及企业家社会地位、政治关联、跨企业从业经历、社会形象等多个方面，但是多数研究结果都表明企业家社会资本能够为企业提供开展多元化经营的机会和资源，积极地推动了多元化战略的实施。

1.3.3 企业动态能力与多元化战略关系研究现状

动态能力是企业通过整合、重构内部和外部资源，以保持竞争优势快速适应外部环境变化的能力，是企业核心竞争力的重要来源。[102~103]20世纪90年代，随着外部竞争环境动态变化的加快，用以解释企业竞争优势来源的动态能力理论快速发展，成为战略管理领域的研究热点。

部分学者直接针对动态能力对多元化战略的影响开展研究，发现动态能力对多元化战略具有显著影响。[104] Harreld 等（2007）通过对 IBM 的研究，发现动态能力对多元化战略具有促进作用。[105] Erik 和 Paul（2008）以挪威 254 家会计师事务所为对象展开研究，发现动态能力对多元化业务的规模有明显影响。[106] Nath 等（2010）基于“资源—能力—绩效”模式针对英国 102 家物流公司开展的研究也表明动态能力与多元化战略之间存在相关关系。[107] 赵凤和王铁男等（2012）的研究表明动态能力与多元化战略之间存在调制型的匹配关系，多元化战略通过与动态能力匹配来影响企业绩效。[108] 李思琦（2014）研究了企业动态能力与多元化战略的相互作用机制，认为动态能力对多元化战略选择具有决定作用，对多元化战略方向具有引导作用。[109] 胡钢和曹兴（2014）对制造业的研究表明动态能力对基于创新的多元化有着显著的正向影响。[110] 尹剑峰（2018）认为企业动态能力越强越容易捕捉到环境变化所带来的新行业发展机会，并结合自身能力抓住机会实施多元化经营。[111] 盛宇华和蒋后卿（2018）针对高技术企业开展的研究显示，动态能力在多元化与绩效之间的关系中发挥着正向调节作用。[112]

有的学者通过其他指标间接研究了企业动态能力与多元化战略之间的关系。因为研发投入是衡量动态能力的重要指标，所以很多研究基于企业研发投入和研发强度展开。Barry 和 Robert（1989）研究发现实施相关多元化战略的企业研发支出一般较高，而实施非相关多元化战略的企业研发支出较低。[113] Hill 和 Scott（1989）[114]、Richardson（2006）[115] 通过研究发现企业的多元化战略与研发投入之间存在显著的负相关关系。Hoskisson（1988）发现多元化程度与研发强度之间存在负相关关系，相关多元化企业的研发强度明显高于非相关多元化企业。[116] Borrego 和 Forcadell（2010）的研究结果表明相关多元化与企业研发密度之间呈现倒 U 形的关系。[117] 魏锋和石淦（2008）发现实施多元化战略的企业研发投入低于实施专业化战略的企业。[118] 康华和王鲁平等（2012）研究发现企业多元化程度与研发投入呈现 U 形关系。[119] 许春（2016）基于世界银行对中国 12400 家企业的调查数据展开分析，发现这些企业的非相关多元化与其创新投入显著正相关。[120]

虽然当前国内外学者关于动态能力与多元化战略之间的关系尚未形成共识，但是通过梳理相关研究文献可以确认动态能力对于多元化战略具有重要的影响，只有与企业的动态能力相匹配时，多元化战略的实施才能顺利进行，才能更好地达成战略目标。

1.3.4 企业家社会资本与经营风险关系研究现状

早期学者们主要基于制度基础理论研究新兴经济国家经济转轨背景下企业家社会资本与经营风险的关系，多数研究聚焦于企业家社会资本作为非正式制度如何弥补正式制度的缺失来帮助企业应对经营风险。后来有的学者从企业家社会资本影响多元化战略的角度间接开展了相关研究。近年来学者开始关注企业家社会资本对新创立企业经营风险的影响。

1. 基于制度视角的研究

基于制度视角的研究主要关注中国等新兴经济国家，以经济转轨期因制度不完善而给企业经营所带来的不确定性为背景。Chen 和 Hillman 等（2002）指出政治和行政管理是企业经营环境中最大的不确定性因素，会给企业带来不可预见的风险，产权保护制度的缺失容易使政府向企业伸出攫取之手。[121]而企业家社会资本可以弥补正式制度的缺失，为企业应对经营风险提供帮助。Batjargal 和 Mannie（2004）基于中国 158 个风险投资项目开展研究，发现企业社会资本有利于降低企业社会风险和环境不确定性的影响，并且对风险投资决策具有重要的影响。[41]张建君和张志学（2005）认为在中国经济转轨的特殊时期，企业通过与政府建立某种联系能够更加容易地获得资源、受到保护以及解决经营中所遇到的问题，从而化解经营所面临的风险。[122]Sheng 和 Zhou 等（2011）认为通过企业家社会关系获取资源应对不确定环境是新兴经济体企业的重要战略选择，并以中国 241 家高技术企业为样本分析了企业家商业和政治关系对企业绩效的影响，结果显示商业关系对绩效的积极影响大于政治关系，且体制和市场环境越不完善这种影响越显著。[123]游家兴和刘淳（2011）针对中国民营上市公司开展的研究也发现企业家社会资本能够有效降低经营风险。[65] Ooi 和 Hooy 等（2015）以中国内地、中国香港、马来西亚和新加坡 85 家旅游公司为样本开展的研究表明，在危机时期董事会社会资本对企业业绩具有积极影响。[124] 吴颖宣和施建军（2018）研究了企业董事会社会资本对风险的影响，结果表明经营所面临的制度环境越落后，董事会社会资本宽度和深度对企业风险的影响越大，并且董事会社会资本的宽度有助于降低风险。[125] 综上所述，在制度不完善的经营环境中，企业家社会资本有助于降低企业风险。

2. 基于多元化战略视角的研究

有的学者在研究企业家社会资本与多元化战略关系时，也间接涉及企业家社会资本对经营风险的影响。张敏和黄继承（2009）研究了企业政治关联与实施多元化的风险的联系，发现企业的政治关联能够显著降低其实施多元化战略的风险，进而有效地化解了企业的风险。[126] 杨东进和邓吉（2013）认为政治关联有助于企业扩大规模，有助于企业业务多元化和区域多元化能力的提升，虽不能直接改善企业的经营绩效，但能够降低多元化对企业风险造成的负面影响。[100] 唐健雄和倪媛玉（2015）对 2005—2014 年沪深两市旅游上市公司的研究表明，管理层的社会资本能使公司的资源与多元化战略更加匹配，减小多元化对公司的不利影响。[101] 滕颖和李颖（2015）认为企业家能够通过外部关系获取信息、资金、知识等资源，从而降低了企业多元化扩张所面临的风险。[127] 综上所述，企业家社会资本所提供的资源为实施多元化战略提供了有力支持，从而降低了多元化扩张可能带来的风险。

3. 基于创业视角的研究

企业在创立初期所面临的不确定性较大，经营风险较高。因此，创业管理领域的学者也开始关注企业家社会资本对新创企业风险的影响。Shane 和 Venkataraman（2000）认为创业者能否充分利用自己发现的市场机会开展创业活动在很大程度上受其自身社会资本的影响，因为强大的社会关系网络能够激发创业者面对风险的信心，增强其创业成功的预期。[128] De Carolis和 Saparito（2006）认为社会资本会使企业家过度自信，降低对创业风险的控制，从而更加主动地把握机会开展创业活动。[129]张航燕等（2011）指出创业者在企业经营过程中面临着机会、资源、环境等诸多因素所导致的风险，而社会资本所具备的网络、信任、规范等特质恰恰有效化解了这些风险。[130]Păunescu 和 Badea（2014）认为企业家在创业前积累的社会资本能够影响其所新创企业的生存机会和市场增长，是支撑企业实现预期目标和愿景的重要资源。[131]任胜钢和彭宇柯等（2015）认为在创业机会开发阶段企业家社会资本尤其是以亲戚和朋友为主的强关系网络能够降低创业机会搜索成本，并提供关键资源，从而降低了创业的风险。[132]Ma 和 Wang 等（2019）指出企业家社会资本能够降低经营风险，提高创业的成功率。[133]综上所述，在企业初创期，创业者社会资本是创业的重要资源，能够帮助企业获取资源，提升创业者的信心和预期，从而降低了创业风险。

4. 基于风险承担视角的研究

风险承担是企业经营中的风险偏好，风险承担越高表明企业越倾向于承担高风险以获取更高的潜在收益。[134~136]风险承担具有很强的资源依赖性，在很大程度上取决于企业的资源获取能力。[137]而众多研究表明企业家社会资本是企业获取资源的重要能力（Chang and Hong，2002[85]；巫景飞、何大军等，2008[87]；于克信、谢佩洪，2011[89]；张平、梁驰，2017。[93]）因此，学者们针对企业家社会资本与风险承担的关系开展了相关的研究。张敏和童丽静等（2015）以沪深上市公司为对象研究了企业家社会网络对企业风险承担的影响，结果表明企业家社会网络能够提高企业的风险承担水平，并且市场化水平越低这种效应越明显。[138]Larcker 等（2013）认为连锁董事是企业社会网络的重要信息传递者，其在网络中的中心度越高越能帮助企业获得更多的信息流和社会资源，从而促使企业提高风险承担水平。[139]刘衡和苏坤（2017）对沪深上市公司的研究也表明，连锁董事网络密度越高企业承担的风险越高，并且市场化水平越高影响越显著。[140]尽管学者们从风险承担视角开展的研究没有直接点明企业家社会资本与经营风险的关系，但是基于研究结论，企业家社会资本丰富的企业愿意承担更高的风险，可以进一步推断企业敢于这么做的原因是企业家社会资本能够通过其资源获取能力为企业应对风险提供保障，能够有效降低企业的经营风险，增加企业获取高收益的机会。

根据现有文献的梳理，企业家社会资本能够降低经营风险的观点已经达成广泛共识。不论从哪种视角出发开展的研究，均表明企业家社会资本作为一种特殊资源以及动员资源的能力，能够为企业赋能，使之更好地适应发展环境，更好地执行发展战略，从而有效地应对经营风险。但是目前关于企业家社会资本与经营风险关系的研究成果尚不够丰富，尤其是基于大量数据的实证研究成果更少。

1.3.5 多元化战略与经营风险关系研究现状

分散风险是企业实施多元化战略的重要动机之一，即通过参与多个行业的经营活动将企业受宏观经济波动和行业竞争影响的风险降至最低，也就是通常所说的“不要把鸡蛋放在同一个篮子里”。然而，在企业实施多元化战略的过程中又会产生众多潜在的风险隐患。因此，针对两者关系的研究结论各异。

1. 多元化战略能够分散企业经营风险

众多学者的研究成果表明多元化战略能够降低企业经营风险。该领域的研究最初都是基于 Markowitz（1952）提出的现代资产组合理论，认为通过不同行业的资产组合可降低单一行业投资所导致的收益波动性，从而有效分散投资的非系统风险。对于企业而言，通过实施多元化战略可以降低由于单个行业收入波动而对企业经营所造成的影响，从而有效分散经营风险。May（1995）以美国企业在 1979—1990 年发生的重大并购事件为样本进行研究，结果显示这些企业的多元化水平与其股票收益的方差负相关，验证了多元化有助于分散行业的系统性风险。[141] Markham（1973）指出企业通过实施多元化战略分散企业现金流，使得不同业务之间非完全相关的现金流抵消彼此的波动，从而有效分散企业经营风险。[142] Amihud 和 Baruch（1981）认为分散风险是企业并购的重要动因，通过并购实施多元化战略，将企业相关性较小的财务流联结起来有效消减企业风险，保证企业收益的持续稳定。[143] 朱江（1999）依托中国上市公司 1997 年的财务数据开展研究，结果显示多元化战略能够有效降低利润的波动，分散了企业风险。[144]姜付秀和刘志彪等（2006）以沪深两市上市公司相关数据开展的研究表明多元化战略与收益波动呈负相关关系，即多元化战略能够有效降低企业的经营风险。[145]沈红波（2007）通过实证研究发现多元化战略能够降低企业经营风险，但是其成本高于收益，多元化程度与经营绩效呈负相关。[146]胡成根和李刚（2010）研究发现随着多元化程度加深，企业经营风险会变小。[147]王福胜等（2013）研究发现企业多元化程度与现金持有水平显著负相关，并指出其原因是多元化具有分散风险和内部融资的优势。[148]李姝（2013）开展的实证研究显示企业多元化程度越高盈余波动性越小，表明多元化能够帮助企业分散经营风险。[149]闫迪和郑少锋（2018）以28家农业上市公司为研究对象开展的研究表明，相关多元化能够降低企业经营风险。[150]

2. 多元化战略提高了企业经营风险

许多学者认为多元化战略是一把“双刃剑”，实施不当反而会增加企业经营风险。Montgomery 和 Harbir（1984）研究发现企业的系统风险水平与其多元化形式有关，实施非相关多元化战略的企业，其系统风险显著较高。[151]Barton 等（1988）将资本集中度和财务杠杆等变量纳入研究，仍然获得了相似的研究结果，即多元化战略可能增加企业的风险。[152]Olibea 等（2008）开展的研究也得到了相同的结论，随着国际多元化程度的提高，企业总体系统风险显著增加。[153]陈莉和张卓（2005）分析了多元化战略类型与系统风险的关系，结果显示实施非相关多元化战略的企业系统风险更高。[154]杨强和汪波等（2008）认为企业盲目实施多元化战略可能会导致企业在经营中发生资源分散风险、决策风险、财务风险等。[155]吴国鼎和张会丽（2015）认为盲目多元化容易导致企业陷入财务困境，并不能减少财务风险。[156]郑晓光和班桢（2016）以重庆啤酒作为案例，指出多元化战略会带来管理难度加大、资源分散、高负债融资等问题，引发企业经营风险，甚至会导致企业破产。[157]

3. 多元化战略与经营风险的关系不确定

通过梳理文献，还有很多研究显示多元化战略对企业风险的影响是不确定的。Lubatkin 和 Neil（1987）的研究显示，企业通过实施相关多元化能够降低系统风险，但是实施非相关多元化反而会提高系统风险。[158] Chang 和 Thomas（1989）开展的研究也表明企业风险与多元化战略没有显著关系。[159] Goldberg 和 Heflin（1995）研究发现，企业通过实施国际多元化战略能够有效分散系统风险，但同时又增加了企业总的经营风险。[160] Kwok 和 David（2000）的研究表明，美国的跨国企业多元化程度与企业风险之间存在正相关关系。[161] 王亮等（2009）通过研究发现在中国市场转型期间多元化战略无法降低企业系统风险和非系统风险，提高多元化程度会显著增加企业的系统风险，但是非系统风险与多元化程度的相关关系比较弱。[162] 周春梅（2015）以旅游行业的企业为研究对象开展研究，结果显示多元化与风险之间的关系不确定，多元化能够有效降低收益率的波动，但多元化也导致了资金筹措与配置压力增加、组织竞争优势与协调能力降低等问题，在某种程度上不是分散而是增加了企业的风险。[163]

通过梳理相关文献，可以发现关于企业多元化战略与经营风险关系的研究并没有统一的结论。但是这并不矛盾，企业经营本身就是一个复杂的过程，将其嵌入不同的环境之中会呈现出不同的场景。对企业而言，多元化战略就是一把“双刃剑”，运用得当能分散经营风险，运用失当又会增加经营风险。企业只有充分认知和评估外部发展环境和自身能力，在具备条件的前提下实施多元化战略方能取得好的效果。

1.3.6 研究现状评述

通过梳理国内外相关文献可以发现，企业家社会资本作为新兴研究领域，其研究边界和研究内容不断拓展，研究成果业已非常丰富。企业家社会资本理论从更广阔的社会关系网络的视角来研究企业管理活动，已经成为解释企业管理实践的重要理论。虽然学界关于企业家社会资本尚无完全一致的定义，但是经过不断发展和完善，企业家社会资本的核心要素已经非常清晰，即企业家社会关系网络、社会关系网络中所蕴含和衍生出的各种资源以及获取资源的能力。

尽管学者们针对企业家社会资本、动态能力、多元化战略以及经营风险关系也开展了较多研究，但是该领域的研究仍然存在很大的提升空间。总结国内外对企业家社会资本影响多元化战略、经营风险的研究成果，本书认为仍存在以下局限性：

（1）关于企业家社会资本、动态能力、多元化战略和经营风险作用机理的研究较少，尚需进一步开展系统化研究。梳理国内外文献资料可以发现，多数学者开展的相关研究主要关注变量之间关系的定性分析和实证研究，而关于企业家社会资本影响多元化战略和经营风险机理的研究尚未形成较为系统化的成果。并且已有成果往往局限于企业家社会资本与多元化战略、多元化战略与经营风险、企业家社会资本与经营风险两两之间关系的研究。然而在企业实际经营管理决策过程中影响其关系的因素还有很多。尽管有的研究也考虑到企业家社会资本对企业发展战略、绩效的影响受到企业治理结构、企业核心竞争力等因素的影响，但是相关研究在系统性和综合性方面仍有很大的提升空间。因此，该领域的研究尚有待于将企业家社会资本、动态能力、多元化战略以及经营风险纳入同一研究框架，针对其相互作用机理开展系统、深入的研究。

（2）现有研究针对企业家社会资本对多元化战略直接影响的成果较多，但是企业家社会资本通过何种方式和路径影响多元化战略的研究尚待加强。梳理国内外学者开展的相关研究可以发现，多数文献在研究企业家社会资本与多元化战略关系时，将问题简单地抽象为两个变量之间的直接关系，忽视了企业经营管理决策的复杂性。然而实际的企业经营管理决策是一个复杂的过程，影响企业战略决策的因素众多，而且作为一种特殊的资源和获取资源的能力，企业家社会资本并不直接作用于多元化战略的决策，而是在公司治理等因素的制约下，经由企业动态能力等因素的传导来影响企业战略决策。因此，该领域的研究尚有待于进一步探索企业家社会资本影响多元化战略的方式和路径。有必要将企业动态能力视为中介变量纳入研究框架，构建涵盖企业家社会资本、动态能力、多元化战略等核心变量在内的多因素分析模型并开展系统化研究，更加客观、清晰地呈现企业家社会资本通过动态能力的中介传导影响多元化战略决策的路径。

（3）现有研究多数聚焦于企业家社会资本与经营绩效，或者多元化战略与经营风险的关系，尚待针对企业家社会资本、多元化战略、经营风险的关系进一步开展系统性研究。梳理国内外学者开展的相关研究，可以发现不论是理论研究还是企业经营管理实践都认同企业家社会资本能够降低经营风险的观点。但是，明确针对企业家社会资本与经营风险关系的理论和实证研究成果较少。现有文献多数从多元化战略对经营风险的影响角度开展研究。还有部分文献研究了企业家社会资本对经营绩效的影响，认为提高绩效意味着降低风险，但是绩效与风险是两个截然不同的范畴，不能直接等同起来。也有部分文献研究了企业家社会资本与风险承担的关系，但是尚不能明确揭示企业家社会资本与经营风险的关系。同时，企业家社会资本和多元化战略均影响经营风险，三者之间的关系以及作用机理尚待厘清。因此，有必要建立系统考虑企业家社会资本、多元化战略、经营风险三者关系的理论模型，并通过开展深入的实证研究揭示其相互关系。

1.4 研究内容

本书将“企业家社会资本—多元化战略—企业经营风险”作为研究主线，重点研究基于企业动态能力中介效应的企业家社会资本对多元化战略的影响，以及基于多元化战略调节效应的企业家社会资本对企业经营风险的影响。研究内容总体概述如下：

（1）企业家社会资本影响多元化战略和企业经营风险的理论分析。基于相关文献，界定研究所涉及的企业家社会资本、多元化战略、企业动态能力和经营风险等概念，梳理企业家社会资本、资源基础、企业动态能力、制度基础等理论，依托相关理论分析企业家社会资本影响企业多元化战略和经营风险的机理，提出相关研究假设，形成概念性框架与理论模型。

（2）企业家社会资本影响多元化战略和企业经营风险的探索性分析。采用问卷调查法，调查企业高管对企业家社会资本影响多元化战略和经营风险的认识和理解，并基于调查问卷所收集的数据开展探索性分析，进一步印证相关理论以及基于理论分析提出的研究假设。

（3）实证研究基于动态能力中介效应的企业家社会资本对多元化战略的影响。以上海和深圳A股市场上市公司2011—2017年数据为样本，研究基于动态能力中介效应的企业家社会资本对多元化战略的影响，进一步明确相互之间的关系。在实证研究结论的基础上，结合相关理论总结管理启示并提出相关对策。

（4）实证研究基于多元化战略调节效应的企业家社会资本对多元化战略和企业经营风险的影响。以上海和深圳A股市场上市公司2011—2017年数据为样本，研究基于多元化战略调节效应的企业家社会资本对企业经营风险的影响，进一步明确相互之间的关系。在实证研究结论的基础上，结合相关理论总结管理启示并提出相关对策。

1.5 研究方法和研究思路

1.5.1 研究方法

（1）文献研究。梳理相关文献资料，厘清国内外学者在企业家社会资本、多元化战略以及企业经营风险等领域的研究现状，并系统梳理与研究内容紧密相关的概念和理论，为研究提供理论支撑。

（2）问卷调查。为了更好地构建研究的假设体系和理论模型，基于现有理论和实证研究的成果设计调查问卷，面向企业高管开展调查。根据问卷调查的结果进一步验证理论研究的相关观点，为相关假设的提出提供更加可靠的显示依据。

（3）计量分析。基于相关理论分析、前人研究成果以及问卷调查的基本结论，提出相关假设。分别构建基于动态能力中介效应的企业家社会资本影响多元化战略、基于多元化战略调节效应的企业家社会资本影响企业经营风险的面板数据模型，以上海和深圳A股市场上市公司2011—2017年数据为样本，运用面板数据分析中的广义最小二乘法检验相关变量之间的关系，运用温忠麟和张雷等（2004）提出的中介效应检验程序对动态能力的中介效应进行检验[164]，运用变量乘积法对多元化战略的调节效应进行检验。

1.5.2 研究思路

根据研究实施方案的需要，设计如图 1-1 所示的技术路线。

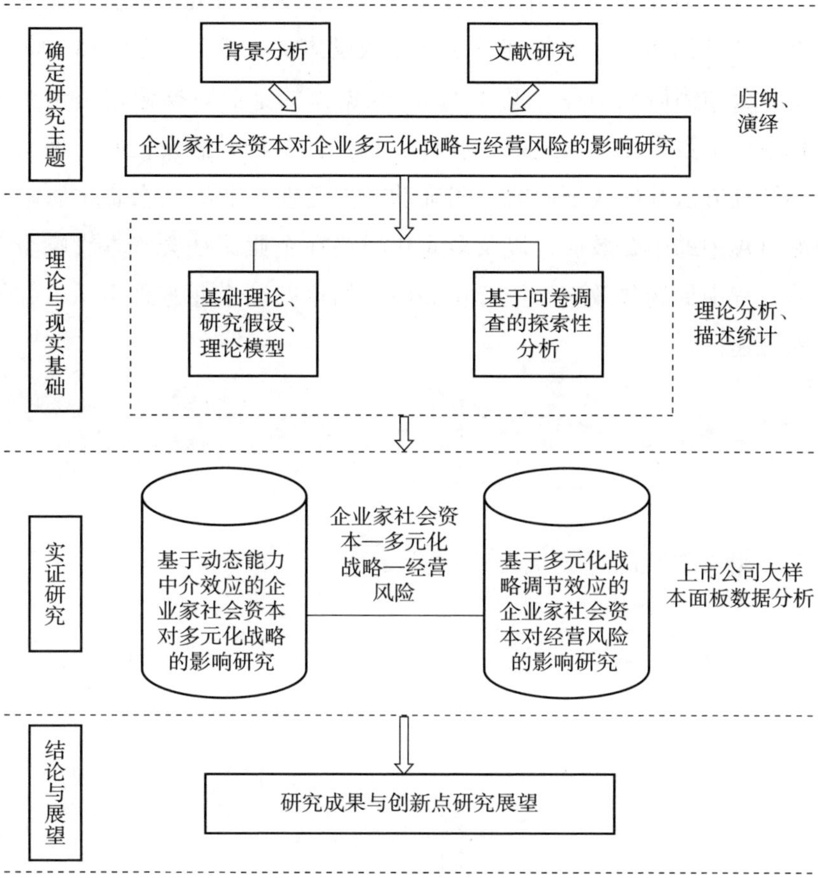

图 1-1　技术路线

（1）基于文献研究确定研究主题、构建研究的理论体系和框架。基于文献资料和现实社会经济发展背景的研究，通过归纳、演绎确定研究的核心问题。系统梳理与所研究问题紧密相关的企业家社会资本、资源基础、企业动态能力、制度基础等理论，并基于相关理论构建研究模型。

（2）基于问卷调查的相关数据开展探索性分析。通过问卷了解企业家在经营管理实践中对企业家社会资本、多元化战略与经营风险及其相互关系的认知，通过探索性分析寻找其中的规律，进一步印证理论研究的相关观点，也通过比较发现其中有悖于常理的现象，并结合相关背景进行辩证分析解释，为后续实证研究提供借鉴。

（3）基于理论模型提出相关研究假设开展实证研究。依据理论分析和问卷调查的结论构建研究的理论模型和假设体系。然后以上海和深圳 A 股市场上市公司为研究对象，基于 Wind 数据库的企业数据遴选满足要求的企业构建样本数据库。通过描述统计、相关性分析、假设检验、面板数据分析等统计方法开展实证研究。明确动态能力在企业家社会资本影响多元化战略过程中的中介效应，以及多元化战略在企业家社会资本影响企业经营风险过程中的调节效应。结合相关研究结论归纳企业管理启示，并提出相关对策建议。

第 2 章

理论基础与模型构建

2.1 相关概念的界定

2.1.1 企业家社会资本的概念

2.1.1.1 企业家社会资本概念的界定

根据1.3.1节对国内外研究文献的梳理可知，学界分别从网络、资源、能力和多视角的角度对企业家社会资本的概念进行了界定。本书认为，研究中国企业家社会资本还需进一步结合中国社会的实际背景。

中国社会的关系文化源远流长，已经根植于社会经济的方方面面。费孝通（1947）用“差序格局”的概念描述了中国传统社会以血缘、亲缘和地缘为纽带构建的社会关系网络。[165]根据“差序格局”，个人的社会关系网络被形象地比喻为“把一块石头丢在水面上所发生的一圈圈推出去的波纹”。[165]费孝通所描述的“差序格局”是基于当时人口流动性非常小的乡土中国；如今，随着城镇化加速，人口流动性不断加快，中国从乡土中国快速进入城乡中国阶段，中国社会关系网络也已经发生了巨大变化。尽管如此，孕育“差序格局”的社会土壤依然存在，只不过是维系社会关系网络的纽带逐渐从传统的血缘、亲缘和地缘向业缘扩展，随着从中心向外沿扩散，关系网络与血缘、亲缘和地缘的关系逐渐淡化，“差序格局”也演变成融伦理、情感和利益为一体的多维体系（见图2-1）。[166]

在演化过程中，中国社会关系网络的重心也在发生转移，传统的以伦理和亲情为纽带的强连带关系网络作用逐渐弱化，而以利益为纽带的弱连带关系网络作用越来越大，并且在市场化程度越高、法治体系越健全的区域这种趋势越明显。基于此，中国企业家社会关系网络除了应该包括传统

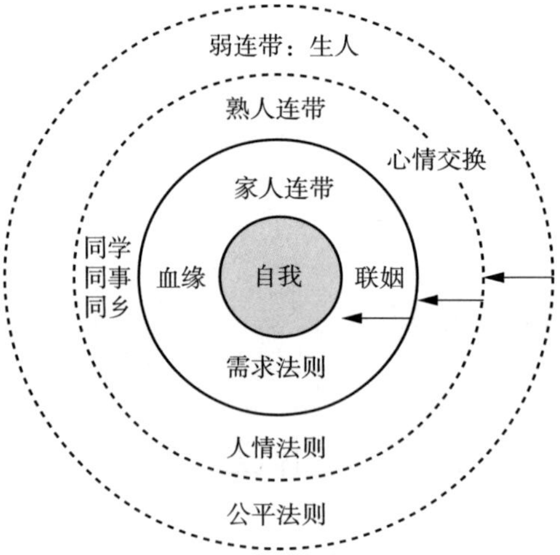

图 2-1　基于“差序格局”的社会关系网络[166]

的依托血缘、亲缘、地缘、业缘等建立起的关系网络，还应该包括依托利益关系与政府、各种团体、协会等社会组织以及众多利益相关者所建立起的关系网络。而且后者是企业家社会资本的重心之所在，在企业经营活动中发挥着主要作用。

结合中国社会关系文化的特点和 1.3.1 节关于企业家社会资本的研究现状的综述，本书主要借鉴杨鹏鹏和万迪昉等（2005）[46]、孙俊华和陈传明（2011）[50]的研究，将企业家社会资本的概念界定为：企业家以利益、情感等为纽带构建的社会关系网络，在构建和维护社会关系网络过程中所形成的社会地位、信用、声誉、规则等有形和无形的资源，以及调动社会关系网络获取资源的能力。

根据 1.3.1 节对企业家社会资本的研究现状的综述，以及本书对企业家社会资本的界定，可以将企业家社会资本的核心要素归纳为网络、资源和能力。网络即企业家社会关系网络，是企业家社会资本的“骨架”和“脉络”，能够将众多利益相关者连接为一个有机的体系；资源即社会关系网络所蕴含和衍生出来的各种资源，是企业家社会资本的“肌肉”和“血液”，能够为企业发展提供营养和能量；能力即企业家通过社会关系网络获取资源的能力，是企业家社会资本的“中枢神经”“循环、消化和吸收”

等系统，能够驱动网络资源的协调配置和有效利用。

2.1.1.2　企业家社会资本的研究维度

国内外学者从不同的维度阐释和研究企业家社会资本，并基于相关维度构建企业家社会资本的衡量体系。

Coleman（1988）曾经将社会资本归纳为义务与期望、信息网络、规范和有效惩罚、权威关系和社会组织 5 种形式。[27] Nahapiet 和 Ghoshal（1998）从关系、认知和结构 3 个维度阐释企业社会资本。[39] Peng 和 Luo（2000）[167]、Acquaah（2007）[42]等用企业管理者与政府的关系、与其他企业高层管理者的关系以及与社会的关系等来衡量社会资本。边燕杰和丘海雄（2000）从企业法人代表的纵向关系、横向关系和社会联系 3 个维度选择指标构建了度量体系，分别通过其在上级机关、其他行业的任职经历以及社会交往的情况加以度量[34]，该企业家社会资本度量体系具有较大的影响。石军伟和胡立君等（2007）[168]、马丽媛（2010）[169]在实证研究中也从企业家的纵向关系、横向关系和社会联系 3 个维度选择指标构建了度量体系。韦影（2007）从结构、关系和认知 3 个层面入手，以企业内外部 6 类联系为基础设计了企业家社会资本的度量体系。[170] 孙俊华和陈传明（2009）构建了由纵向关系网络、横向关系网络、政治地位和企业家声誉 4 部分组成的企业家社会资本度量体系。[171] 游家兴和刘淳（2011）[65]、游家兴和邹雨菲（2014）[97]构建了包括网络关系、网络地位、网络声誉 3 个方面的企业家社会资本测度体系。杨惠芳（2017）[61]将企业家社会资本归纳为制度性资本和市场性资本，以企业家与政府或行业主管部门官员的关系代表制度性资本，以企业家与客户、供应商和竞争对手以及其他企业高管的关系代表市场性资本。

本书基于现有相关文献，重点借鉴孙俊华和陈传明（2009）[171]、游家兴和邹雨菲（2014）[97]等的研究成果，从社会地位、社会关系和社会声誉 3 个维度衡量企业家社会资本。具体测度体系将在第 4 章详细阐述。

2.1.2　多元化战略的概念

多元化战略的概念最早是由 Ansoff（1957）提出的，其将多元化战略定义为企业在发展到一定阶段后为寻求更加长远的发展而采用新产品去开发新市场的扩张战略。[172] Ansoff 是从企业经营产品数量的角度来定义多元化战略的，该定义成为后续很多研究的基础，但是随着时代的变化，企业多元化经营行为呈现出不同的表现形式，因此，许多学者从其他角度界定了多元化战略的概念。Chandler（1962）以杜邦公司为研究对象，将多元化界定为产品线从单一发展到多样的过程，以产品线的数量来界定企业多元化战略。[5] Ramanujam 和 Varadarajan（1989）认为企业多元化是指企业通过自身业务拓展或者外部并购跨进新的经营领域，并且由此会导致企业或业务单元的管理结构、体系或其他管理过程产生相应的变化。[173] Teece（1980）从市场和顾客的角度定义了多元化战略，认为只有新业务与原业务完全无交叉弹性才能视为多元化，即从消费者的角度考察多元化业务之间必须完全不相关。[174]

还有学者对多元化战略进行了分类。Nathanson 和 Cassano（1982）最先对企业多元化战略进行了分类，分别从产品与市场两个维度对多元化战略进行了划分，并据此分析了美国企业实施多元化战略的情况。[175] Hoskisson 和 Johnson 等（1994）提出了企业多元化战略的另一个维度——经营地域多元化，即企业开拓新的地理市场，并且认为经营地域多元化是市场多元化的一个重要内容，经营地域多元化相比产品多元化，对企业经营绩效的影响可能更大。[176] 毛蕴诗（2004）从业务、地域与功能 3 个角度定义了多元化战略，但其分类标准与前人并没有实质性的差别。[177] 洪道麟和熊德华等（2007）以中国证监会行业分类指标体系为标准，认为经营业务涉及两个及以上的企业可视为多元化经营。[178]

梳理关于多元化战略定义和分类的文献，可以发现学者们所依据的标准各异，对多元化战略的定义也不尽相同。本书主要借鉴 Ansoff（1957）、洪道麟和熊德华等（2007）的研究，将多元化战略的概念界定为：企业发展到一定阶段，为实现企业战略目标、保持企业持续成长所采取的一系列扩张行为，主要是指跨行业经营即业务多元化。

2.1.3 企业经营风险的概念

关于风险的研究由来已久，多数学者对风险的定义都可以归于不确定性和损失这两类。Knight（1921）最早将“风险”一词引入经济学研究范畴，认为风险的内涵是在特定时点、特定情境下，特定损失发生的可能性。[22] Williams 和 Heine（1985）将风险定义为特定时期、特定条件下，未来结果的不确定性。[179] Jorion（2005）认为风险是资产预期收益的不确定性。[180] Knight 的定义认为风险是损失；Williams、Heine 和 Joriond 的定义认为风险既可以是收益，也可以是损失。

在研究过程中，学者们也非常关注风险的来源。Kahneman 等（1981）认为风险主要来源于外部不确定性与内部不确定性，其中外部不确定性主要指与决策任务相关的外部环境因素，而内部不确定性与决策者的价值观、知识结构和个体异质性有关。[181] Fischhoff（1983）指出决策主体对结果价值的判断及其自身条件的不确定性（包括主体的行为方式、知识结构等）是导致风险的主要因素。[182] 根据风险来源的不同，产生了“风险外在性”和“风险内在性”两种不同的观点。“风险外在性”观点认为，风险仅仅是某事件可能发生结果的概率分布，是客观存在的，不受决策主体的个体特征影响，一般称为外在风险；“风险外在性”强调风险是众多可能结果的概率分布，所有可能结果出现概率的方差越大风险就越高，反之风险越低。“风险内在性”观点虽然也承认事件存在各种可能性的结果，但认为决策者一般会重点关注发生概率较大的可能结果，而忽略发生可能性较低的可能结果，并且不会在乎可能性较低的结果所带来的后果。“风险内在性”强调风险是决策主体的主观判断，取决于决策者的心理活动。

学界在研究企业经营风险的时候，普遍吸收了“风险内在性”与“风险外在性”的观点，即内部和外部因素均对企业经营风险造成影响。但不同领域对企业经营风险的定义又各有侧重。财务领域认为，企业风险是决策可能带来的后果，主要是指可能形成的损失。美国会计准则委员会（1981）则认为，企业风险是指企业未来成果的不可预测性，其后果包括利得和损失。2006 年，国资委所发布的《中央企业全面风险管理指引》将企业风险界定为未来的不确定性对企业实现经营目标的影响。丁友刚等（2007）认为，企业风险是指对组织目标的偏离。[183]

目前学界对风险内涵的理解仍存在较大的分歧，因此对于企业经营风险也没有统一的定义。尽管如此，现有研究普遍认为不确定性是风险的重要特征，即企业经营风险是企业经营决策所导致的不确定性。但是对不确定性所带来的后果则存在较大的分歧，即企业经营风险是仅包含损失，还是同时包含利得和损失。

基于上述关于企业经营风险研究成果的梳理，本书主要借鉴 Williams 和 Heine（1985）[179]、Jorion（2005）[180]的观点，将企业经营风险的概念界定为：企业在经营过程中由于经营决策和外部环境影响所导致的经营收益的不确定性，即企业经营收益的波动性。

2.2 相关理论基础

2.2.1 资源基础理论

学术界普遍认为 Penrose 是资源基础理论（Resource Based View，RBV）的奠基者。Penrose（1959）认为企业是生产性资源的集合体，资源的数量和质量、集聚速度、使用效率的差异使得资源能够保持异质性，进而决定了企业的经营策略、经营边界和范围。[191]此后的学者开展了很多研究，形成了资源基础理论的体系。

Lippman 等（1982）和 Rumelt（1984）指出企业凭借具有异质性的核心资源形成“隔离机制”，阻止产业外企业进入，从而获取超额利润；如果企业没有形成竞争优势的异质性资源，那么企业间的效率差异状态将会持续。[192~193]Wernerfelt（1984）进一步发展了资源基础理论，他认为企业稀缺的、无可替代的异质性资源是决定竞争优势的关键因素，企业能够凭借这些资源获取竞争优势和超额收益。[194]

Barney（1991）从企业自身的角度出发，初步建立了资源基础理论的研究框架，他将资源划分为一般性资源和战略性资源，提出战略性资源需要满足价值性、稀缺性、难以模仿性和难以替代性 4 个特点，这种异质性资源能够在战略层面为企业提供持续竞争优势。[195]Barney（2002）还在既有研究的基础上进一步将战略性资源的特征修正为价值性、稀缺性、不可完全模仿性和组织性。[196]其中，不可完全模仿性涵盖了之前的难以模仿性和难以替代性；组织性指的是对资源的整合能力。组织能力是最高层次的，因为组织能力是将资源转化为价值的关键。[196]

Peteraf（1993）从市场竞争的视角出发研究资源异质性对竞争优势和竞争战略的影响，将企业创造和保持竞争优势的战略分为资源异质性核心战略、资源非完全移动战略、事前竞争限制战略和事后竞争限制战略。[197]其中，资源异质性核心战略需要与其他战略结合方能将资源转化为竞争优势；资源非完全移动战略保证了资源在企业内部的使用效率高于外部从而获得持续竞争优势；事前竞争限制战略的前提是企业能够低成本获得优势资源；事后竞争限制战略则是通过隔离机制的壁垒使企业能够保持已有的竞争优势。

根据资源基础理论，企业的本质是资源的集合体，战略性异质资源是决定企业竞争优势的重要基础；同时，能力是保证异质资源最终转化成竞争优势和超额收益的关键因素。根据 1.3 节国内外研究现状及评述，国内外学者的研究充分表明企业家社会资本、动态能力都是企业重要的资源和能力。因此，资源基础理论为本书建立企业家社会资本与发展战略和经营风险的逻辑关系提供了重要的理论依据。

2.2.2　动态能力理论

20 世纪 90 年代，随着知识经济的兴起，快速发展的新技术使得企业经营的外部环境急剧变化，企业基于原有核心竞争优势的经营活动受到冲击。因此，20 世纪末基于资源基础理论、企业核心能力理论，演化出了动态能力理论。

动态能力的概念最早是 Teece 和 Pisano（1994）提出来的，他们将其定义为整合和重构资源的能力。[102]此后，动态能力被广泛用以解释企业如何获取动态的竞争优势。目前动态能力还没有统一的定义。总体而言，关于企业动态能力的定义大致可以分为能力观、资源观和过程观 3 个视角。

能力观认为动态能力是企业能力的核心，能够帮助企业快速适应环境变化。Teece 和 Pisano（1997）在研究中进一步完善和发展了这一概念，将其定义为企业整合和重构各种内外部资源以应对快速变化的外部环境的能力。[198] Helfat 和 Finkelstein 等（2007）认为动态能力是企业有目的性地拓展、再造其资源基础的能力。[199] West（2014）指出动态能力是企业通过整合、重构资源应对环境变化，不断提升竞争优势的能力。[200]

资源观认为动态能力能够整合和重构资源以建立竞争优势。Lee（2002）认为动态能力是使得企业保持应对环境变化的竞争优势的来源。[201] Zahra 和 Sapienza 等（2006）将动态能力定义为企业决策者可以按预期方式适当重新配置企业的资源和惯例。[202] Wang 和 Ahmed（2007）认为动态能力是企业不断整合、更新以及重构资源和能力的行为导向。[203]

过程观将动态能力视为战略过程、惯例或者学习模式。Eisenhardt 和 Martin（2000）认为 Teece（1997）对动态能力的界定尚未明确动态能力的来源，指出动态能力是企业通过整合、重构资源适应市场变革或者创造市场变革的过程，尤其是当市场出现冲突、分裂、进化或消失的时候，该过程可以使组织在原有的战略基础上获得新的资源结构。[103] Karim 和 Mitchell（2000）认为动态能力是一种可以通过资源配置和重构改变低阶能力的高阶能力。[204] Zollo 和 Winter（2002）则认为动态能力是一种集体学习模式，企业可以通过它系统地产生和修改自己的经营惯例以提升效率。[205] Fang（2009）将动态能力定义为企业完成新的资源配置的组织战略路径。[206]

作为企业战略管理理论的重要领域，动态能力理论一直关注企业动态能力与竞争优势的关系。Teece 和 Pisano 等（1997）指出动态能力难以复制和模仿，从而形成企业竞争优势。[198] Jiang（2015）指出企业动态能力本身并不具备竞争优势，企业基于流程整合资源的能力才是竞争优势的来源。[207] 但是也有学者对动态能力的持续性提出了质疑。Schweizer 和 Rogbeer 等（2015）认为就同一行业而言，某项动态能力会形成一定标准，行业内企业的动态能力最终都会趋向于该标准，从而使得动态能力不再构成竞争优势。[208]

本书主要借鉴以 Teece（1997）为代表的基于能力观视角的定义，将企业动态能力的概念定义为：企业有目的地整合、重构和再造内外部资源，持续提升竞争优势，并快速应对外部环境变化的能力。

基于国内外学者从不同角度对动态能力所做的界定，本书将企业动态能力的核心要素归纳为整合重构和变革创新能力。整合重构能力是企业将内部和外部各种分散的资源进行甄别筛选、重构组合、综合运用的能力，能够通过整合和重组现有资源帮助企业提升竞争力。变革创新能力是企业在现有资源的基础上，为了适应外部环境变化不断通过变革和创新突破现有核心能力的刚性约束，实现竞争力的跃迁。

2.2.3 企业家社会资本理论

企业家社会资本理论发端于社会资本理论。社会资本理论源于社会学领域的研究，后来学者将该概念引入经济学领域的研究，用以解释经济发展和企业管理问题。因为从本质上来看经济行为是嵌入在社会结构之中的，经济行为本质上可以视为一种选择，选择所依据的是社会生活方式及社会结构，经济活动同时也是社会活动。企业家社会资本理论就是利用社会资本解释企业管理实践的一种新探索，它从更广阔的社会关系网络的视角来研究企业管理活动。对企业家社会资本研究具有重要影响的理论主要包括社会结构理论、嵌入理论、社会资源理论和结构洞理论。

2.2.3.1 社会结构理论

社会结构理论的代表学者是 Coleman。尽管学界公认“社会资本”的概念是 Bourdieu（1979）提出的，但是 Coleman 是第一个系统地、具体地界定和研究社会资本的学者，他基于社会结构视角的研究在社会资本领域具有非常重要的影响。

Coleman（1988）认为社会资本、物质资本和人力资本是同时存在的，并且相互之间可以进行转化。社会资本与其他形式的资本诸如人力资本、物质资本既有相似之处也有明显的区别，相似之处在于它们都具有生产性和不可完全被替代性。社会资本也有其独特之处，它是嵌入在社会关系网络中的结构性资源，不依附于独立的个人，也不存在于物质生产过程之中。社会结构作为一种资源，可以被网络主体识别并加以应用，与其他资源共同作用形成了宏观水平的不同行为和微观水平的不同结果。[27]

Coleman 认为社会资本依赖于社会结构的稳定性，因此社会资本不是稳定不变的，其价值随着时间动态变化，逐渐递减。社会网络结构的封闭性对社会资本具有重要的影响，网络结构封闭性越好，主体之间的互动就越紧密，获取资源的可能性就越高，从而强化了社会资本；反之，网络结构越开放，主体行为就越难以监控，主体之间难以形成信任关系，从而弱化了社会资本。[184]

社会结构理论阐明了社会资本及其与社会网络结构的关系，是研究企业家社会资本与发展战略关系的重要理论基础。

2.2.3.2 嵌入理论

嵌入理论源于 Polanyi（1944）的研究。他认为经济行为不是独立的，而是嵌入在经济和非经济制度之中，并且嵌入性随着社会发展而动态变化。[185]但是该理论提出后并没有产生大的影响，直到 Granovetter 进一步发展了嵌入性的概念。

Granovetter（1985）指出社会资本是嵌入的结果，因为个体的经济行为嵌入在社会关系网络中，其经济行为是由社会关系决定的。[26]他认为社会关系对经济活动具有重要的影响，指出研究个体的经济行为需要考虑其所嵌入的社会网络结构，分析网络个体之间的影响和制约作用。Granovetter（1992）进一步把嵌入性分为关系型嵌入和结构型嵌入，认为嵌入性促进了个体或组织之间的信任和互动，从而有效抑制了经济活动中的机会主义，更好地保障了交易的顺利进行。[186]嵌入理论在企业战略决策层面也得到应用，Echols 和 Tsai（2005）认为企业战略的成效取决于嵌入性的程度，因此企业制定战略应充分考虑外在的社会环境及其与其他企业的关系。[187]

嵌入理论改变了以往关于经济行为和社会关系的认识，使得研究者在研究经济现象时跳出了传统经济学的框架，将社会关系的影响纳入研究体系。基于嵌入理论，企业经营决策不仅仅是经济决策，而是基于其所处社会关系网络和自身经营条件的综合决策。企业经营决策者应该重视并积极构建社会关系网络。因此，嵌入理论很好地解释了企业家积累社会资本的动因，为分析企业家社会资本与发展战略的关系提供了理论支撑。

2.2.3.3　社会资源理论

Lin Nan 在 Coleman、Granovetter 等人研究的基础上建立了社会资源理论。Lin Nan（1978）从社会资源的视角开展研究，认为社会资源是嵌入在个人社会关系网络中的资源。[188]在后来的研究中 Lin Nan 也将“社会资源”称为“社会资本”。他认为社会资本是社会主体为了获得收益而进行的社会关系投资，或者通过有目标的行动从社会关系网络或社会结构中所得到的资源。基于社会资源理论，社会资本不为个人直接占有，而是存在于人与人的关系当中，嵌入在社会关系网络或社会结构中；社会资本是一种可增值的资源，资源是社会资本的核心，包括个人资源和社会资源；社会资源通过社会主体能动的工具性行为转化为社会资本。[189]

社会资源理论强调社会主体要发挥自身的能动性来构建、积累和动员社会资本，并从中获得收益。换言之，社会关系网络是社会主体开展相关活动的平台，社会主体是相关活动的投资者，社会主体投资的目标是获取社会资源。因此，社会资源理论是解释企业家建立社会关系网络和积累社会资本动因以及社会资本作用的重要理论，是构建本书相关研究观点和假设的重要理论基础。

2.2.3.4　结构洞理论

Burt 提出的结构洞理论是社会资本理论的重要组成部分。Burt（1992）指出结构洞是社会关系网络的断裂，具体而言，网络主体的联系并不完全，其中有的相互之间具有直接联系，但是有的并没有直接联系，于是网络就出现了一些空洞。[57]结构洞的表现形式如图 2-2 所示，图中的 A 和 B 表示的都是由 5 个人所构成的社会关系网络，如果两个人之间具有直接联系就用实线连接起来，如果两个人之间需要通过其他人才能发生联系则用虚线连接起来，作为中间人的第三者就占据了一个结构洞。图 2-2 中的 a 和 b 便是典型的占据了社会关系网络结构洞的个体。

结构洞理论以社会关系网络结构的分析为基础，探索可以使网络主体获得更大收益的网络结构。Burt（2001）认为，由于网络个体之间缺乏联系（即存在结构洞），有效利用结构洞能够推动个体的流动、信息的获得和资源的获取。由于构成双边关系的个体所组成的自我封闭网络只能提供重复的资源，而网络中的结构洞则为占据该位置的行动者提供了接触其他非重复资源的机会。[190]在网络中占据了结构洞的个体，不论与其他个体的关系强度有多大，其均具有较强的资源优势，可以为自己创造丰厚的收益。由此可见，个体在社会关系网络中的位置非常重要，对其在关系网络中的资源、信息和权利具有决定性的影响。社会关系网络的结构形态构成了人的社会资本。

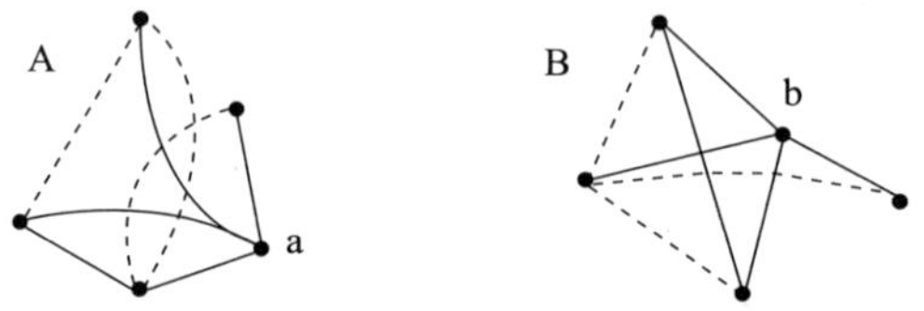

图 2-2　社会网络中的结构洞[190]

根据结构洞理论，为了在社会关系网络中占据优势，个体或组织都需要尽可能多地占据结构洞。企业家为了积累社会资本，也会尽量占据其社会关系网络中对其有益的结构洞。因此，结构洞理论为解释企业家构建社会关系网络、积累社会资本的动因提供了重要的理论依据。

2.2.4　制度基础理论

早期的战略管理理论源于西方管理实践，制度被视为独立于企业行为的规则体系，因此战略决策分析仅仅把制度作为外生变量来考虑。20 世纪 90 年代，随着全球经济一体化进程的加快，新兴经济国家和跨国企业迅速发展，制度环境对企业战略的影响逐渐引起关注。[209]

North（1990）指出制度为经济活动提供了规则，可以减少不确定性。制度包括正式制度和非正式制度，制度框架包括政治结构、产权结构和社会结构 3 个方面。[210]Oliver（1991）认为制度既包括成文的规则、程序和道德规范，也包括为个人或组织行动提供“意义框架”的认知模式、符号系统与道德模板。[211]Scott（1995）认为制度通过管制性要素、规范性要素和认知性要素来约束行为，并据此提出了管制制度、规范制度与认知制度，且从组织层面分析了不同制度下的战略。[212]

Peng 从制度、组织、战略关系整合的视角进行系统研究，建立了“制度环境—战略行为—企业绩效”的研究范式，并以新兴经济国家为对象开展实证研究。Peng 和 Heath（1996）首次将 North 的制度经济学引入管理学，并研究了中国、苏联和东欧等转型经济体企业的成长战略，指出转型经济背景下企业战略对关系网络有很大的依赖性。[213] Peng（2003）进一步提出了转型经济体企业战略选择的一般理论模型，并指出关系网络对企业发展的影响随着转型的深化而逐渐减弱。[214]

制度环境对企业的经营行为具有巨大的影响。North（1994）等学者指出企业制定战略必须考虑制度因素的影响。[215] Hoskisson 和 Eden 等（2000）认为基于制度观的战略理论是研究新兴市场企业战略最有力的分析工具。[216] Peng（2009）认为制度基础观已成为与产业结构分析和资源本位企业观相并列的“战略三脚架”的第三只脚。[217]

在中国转轨经济的背景下，企业发展战略的选择在很大程度上受到制度环境的影响。制度是从宏观层面解释中国改革开放以来经济快速增长，从微观层面解释企业发展战略选择的重要视角。基于此，制度基础理论是本书研究企业家社会资本影响多元化战略和经营风险的重要理论基础。

2.3 动态能力对社会资本与多元化战略关系的中介效应

根据 1.3 节国内外研究现状及评述，当前关于企业家社会资本与多元化战略的研究局限于企业家社会资本对多元化战略的直接影响。而企业家社会资本作为企业的特殊资源和能力，对多元化战略的影响是个复杂的过程，企业家社会资本作用的发挥还有赖于企业自身能力的强弱，因此两者关系的研究应考虑中介变量的影响。根据 2.2 节所述的资源基础理论、动态能力理论、企业家社会资本理论和制度基础理论，企业家社会资本对企业动态能力的形成和提升具有重要影响，而动态能力又是影响企业多元化战略选择及实施效果的关键因素。因此，本节将企业家社会资本、企业动态能力和多元化战略纳入同一研究框架，通过理论分析和逻辑推理提出相关假设，厘清其相互之间的作用机理。

2.3.1 企业家社会资本与多元化战略的关系

企业发展战略主要是由决策者制定的，而企业家作为决策者的核心，其价值观、认知基础、掌握的资源必然会对企业发展战略的选择产生重要的影响。企业家社会资本作为除了物质资本、人力资本之外的重要资源，自然会影响到企业发展战略的决策。作为企业与外部环境之间的关键中介，企业家能够通过其社会关系网络获取企业所需的各种战略资源，企业家社会资本如同“黏合剂”将不同的资源汇聚在企业内部和周围。基于现有理论研究基础，大致可以从制度基础和资源基础两个视角来分析企业家社会资本对多元化战略的影响。

2.3.1.1 基于制度基础观的理论分析

制度基础理论重点关注企业所处的政治、经济和社会系统中的正式制度与非正式制度在企业行为形成过程中所发挥的作用。在现实经济运行中，制度是交易双方博弈的基本规则，以此规范和约束双方在交易过程中的行为。新制度主义认为，现代企业的生存和持续发展并不是完全由其自身的经营效率所决定的，能否适应所处环境的文化规范、价值信仰等才是决定其持续经营的关键。因此，企业发展战略不仅取决于传统战略研究所强调的产业发展状况和企业特殊资源能力，而且还有赖于决策者所面对的特殊制度环境。[94]

（1）制度环境是企业选择多元化战略的重要动因。基于制度基础理论，实施多元化战略是企业主动适应外部制度环境的重要方式。换言之，外部制度环境的不完善是企业实施多元化战略的重要动因。Gupta 和 Guo 等（2015）认为在一些处于转轨经济阶段的新兴经济国家，其外部市场机制和制度体系不完善，企业的外部环境不确定性较大，突发的产业发展政策调整等状况会给专业化经营的企业造成较大冲击，企业更倾向于通过实施跨行业多元化战略来回避类似的非市场风险，从而部分弥补外部制度环境不完善的负面影响。[218]在实证研究中，制度环境对多元化战略的影响也得到印证。Khanna 等（1997）研究发现企业战略决策对外部的市场环境非常敏感，如果市场机制完善适合实施集中化战略，反之则适合实施多元化战略。[13] Peng（2003）指出发展中国家企业常常通过实施多元化战略弥补不完善的外部市场和较高的交易成本对其造成的影响。[214] 改革开放40多年来，中国市场化改革取得了举世瞩目的成就，但是与完善的市场经济环境相比仍然存在一定的差距。各级政府仍然掌握着企业发展所需要的稀缺资源，政府为了促进地方经济增长还会通过行政手段干预企业的经营活动。此外，有的企业为了迎合当地政府官员的政绩需要也会主动涉足新的行业实施多元化战略（张敏、黄继承，2009）。[126] 相关研究表明，政府干预程度越强企业的多元化程度越高（马忠、刘宇，2010[104]；章卫东、成志策等，2014[219]）。

（2）企业家社会资本成为企业实施多元化战略的重要基础。在转轨过程中也存在着制度缺失和不稳定，企业发展面临较大的不确定性。企业会选择通过社会资本这种非正式制度弥补正式制度的缺失和不足。而丰富的企业家社会资本又为企业实施多元化战略提供了基础条件，促使企业实施多元化战略。Chang 和 Hong（2000）[85]、姚俊和吕源等（2004）[220] 的研究均发现具有良好社会关系网络或非市场机制利用能力的企业更易于实施多元化战略。游家兴和邹雨菲（2014）的研究也表明当外部法律环境对多元化战略具有显著影响时，在法律制度环境建设越薄弱的区域，企业家越倾向于依托其社会资本实施多元化战略。[97] 同时，经济转轨过程中的制度变革会给企业带来大量的投资机会，但是一些行业仍然具有很高的进入门槛，尤其是受政策限制的民营企业较难进入一些垄断性行业。而拥有较多社会资本的企业家更容易获得行业准入许可，通过实施多元化战略获取高额利润。

2.3.1.2 基于资源基础观的理论分析

经过多年的发展，资源基础理论已经成为多元化战略的重要理论基础。根据资源基础理论，资源是企业成长的动力之源，企业在经营过程中总会存在部分未被充分利用的剩余资源，通过实施多元化战略可以使得剩余资源在企业内部消化，实现资源的最优配置和充分利用，从而提升企业的经营效率和经营业绩（Penrose，1959）。[191] 由于“剩余资源”的专用性程度不同，由此所导致的企业多元化水平也不尽相同（Teece，1980）。[174] 一般情况下，实物资产专用程度较低，便于租售，交易成本也低，对企业多元化影响不大。但是管理、技术、品牌等无形资产的专用程度较高、不易于转让、交易成本也较高，对企业多元化的影响也较大。刘琼和邓亚中（2015）指出当通过多元化利用剩余资源能够实现收益最大化时，企业就会选择多元化战略。[221] 从资源基础理论的视角来看，企业家社会资本强化了企业实施多元化的动因和基础。

（1）企业家社会资本的专用性强化了企业实施多元化战略的动因。根据资源基础理论，当企业家社会资本出现剩余时就可能会实施多元化战略。但是当出现过剩资源时企业具有多种选择，可以选择通过实施多元化战略内部消纳，也可以选择通过市场交易变现。对于决策者而言，市场与企业是两种可以相互替代的交易机制，如果通过企业内部组织生产更节约成本则选择多元化战略以利用剩余资源；反之，当内部组织成本高于外部市场交易成本时，企业则倾向于通过降低多元化水平来提高经营效率（Bromiley et al.，1995）。[222] 而对于专用性程度高的资源，由于交易成本较高而无法在市场上出售，使得企业更倾向于选择多元化战略（Chatterjee and Wernerfelt，1988）。[223] 通过企业家投入资金、时间和精力所构建社会关系网络而积累的社会资本具有高度的专有性，不能与企业家剥离进行出售，也不存在有效的市场对其进行合理定价。企业家社会资本的专有性体现在两个方面：一方面，企业家社会资本是企业家的专属资源，其他企业无法模仿；一旦企业家离开企业，其社会资本很难留在原企业（陈传明、周小虎，2001）。[64] 另一方面，企业家社会资本内嵌在其社会关系网络之中，其积累贯穿于企业家职业生涯，是一个长期的、动态的过程，其积累需要考虑时间和空间的约束，企业家在不同时期和环境下运用社会资本的能力有所差别，如果脱离了相应的时空环境，就存在贬值和流失的风险。于是，当企业家社会资本出现剩余时无法通过市场交易有效转移，只能通过实施多元化战略在企业内部将其转化为价值。因此，企业家社会资本进一步强化了企业实施多元化战略的动因。

（2）企业家社会资本为实施多元化战略提供异质性资源。根据资源基础理论，企业所拥有的资源基础是其实施多元化战略的基础。企业计划通过进入新行业或开发新业务来扩展现有经营领域时，都会受到其自身现有资源的约束，企业所能获取的资源越多或者获取资源的能力越强，越有可能实施多元化战略。对企业而言，其具备的异质性战略资源是潜在竞争优势的核心，具备一定竞争优势的剩余资源是实施多元化战略的前提条件（宋海旭，2013）。[224]在经营过程中企业家能够通过社会关系网络等非市场途径获取的新战略资源，作为增量资源对多元化战略决策具有非常重要影响。[193]由于企业家社会资本高度依附于企业家，所以企业家社会资本打上了企业家本人的烙印。受企业家性别、学历、年龄等个体特征及其生活环境、学习成长经历等外在因素的影响，企业家社会资本具有显著的异质性。企业家个体特征差异越大，其社会关系网络的异质性就越高，从而导致企业家社会资本的异质性越高（梁上坤、金叶子等，2015）。[225]当企业家具备丰富的异质性社会资本时，能更方便地获取进入新行业的机会以及所需异质性资源，为实施多元化战略奠定基础（张平等，2017）。[93]相关研究表明董事会成员的职业异质性能促进企业实施多元化战略（叶蓓，2017）。[226]

2.3.1.3 企业家社会资本与多元化战略关系的假设

通过 2.3.1.1 和 2.3.1.2 小节分别从制度基础观和资源基础观视角进行的理论分析，可知企业家社会资本从动机和资源能力两个方面对多元化战略产生了重要影响。

1. 基于制度基础观的分析

基于制度基础理论，转型经济时期多变的制度环境是企业家构建社会资本、企业实施多元化战略的重要诱因，并使两者之间产生了互动。首先，企业实施多元化战略是适应外部制度环境的重要选择，尽管实施多元化战略可能有损于企业绩效，但是企业家社会资本却能促进企业能力与战略的协同，从而显著减少由此带来的负面影响。其次，正式制度的缺失，使得作为非正式制度的企业家社会资本的作用凸显，企业家积极投资积累社会资本，而丰富的社会资本又为企业实施多元化战略奠定了基础。尤其是中国当前生产要素分配的市场体系仍不完善，市场规则、法律、经济政策等正式制度仍不健全，使得企业家社会资本对企业多元化战略选择具有更加重要的意义。

2. 基于资源基础观的分析

基于资源基础理论，丰富的企业家社会资本能够为企业多元化提供资源基础，进一步强化了企业实施多元化战略的动因。首先，企业家社会资本的专用性决定了只能通过实施多元化战略将其剩余部分在企业内部转化为价值，从而强化了企业实施多元化的动因。其次，企业家社会资本的异质性能够为企业实施多元化战略获取所需的异质性战略资源，为实施多元化战略提供了资源保障。

此外，企业家社会资本所具有的价值性、持续存在性、独特性和难以模仿性等特征（Peteraf，1993[197]；Peng and Luo，2000[167]；王涛、陈志军，2016[70]），能够帮助企业在经营活动中更好地获取高质量信息、控制和团结利益相关者以形成强大的凝聚力，提升企业的竞争优势（Subramaniam and Youndt，2005[227]；杨惠芳，2017[61]；李巍、代智豪等，2018[51]），为企业选择和实施多元化战略提供强有力的支撑。丰富的社会资本还会给企业家带来过度自信，使其对多元化经营的前景持乐观态度，这也在一定程度上促进了企业实施多元化战略。

基于上述理论分析和逻辑推理，本书提出如下假设：

H1：企业家社会资本能够促进企业实施多元化战略。

2.3.2 企业家社会资本与动态能力的关系

基于2.2节所述的资源基础理论、动态能力理论和企业家社会资本理论，企业家社会资本是企业重要的资源，能够为企业提升动态能力提供资源，而动态能力可进一步整合和重构资源并将其转化为竞争优势。

基于资源基础理论，企业实际上是不同资源的集合体，其中战略性异质资源是企业竞争优势的重要来源（Penrose，1959[191]；Lippman，1982[192]；Rumelt，1984[193]；Wernerfelt，1984[194]；Barney，1991[195]；Peteraf，1993[197]）。基于企业家社会资本理论，企业家社会资本是企业获取稀缺资源的重要方式，并且能够有效聚合资源，企业家社会资本具备价值性、稀缺性、不可完全模仿性和组织性等基本特征（Barney，2002）[196]，是影响企业竞争优势的重要战略性异质资源（游家兴、邹雨菲，2014）。[97]基于动态能力理论，企业动态能力是企业整合、重构和再造内外部资源，持续提升竞争优势，并快速应对外部环境变化的能力。而企业家社会资本为企业动态能力的构建提供了战略性异质资源，是关系到企业动态能力持续更新和提升的重要因素。因此，企业家社会资本在企业构建动态能力过程中发挥了关键作用（Von den Driesch et al.，2015[228]；Pedro et al.，2018[229]）。

梳理学者们开展的相关研究，多数成果表明企业家社会资本能够有效提升企业动态能力。Blyler 和 Coff（2003）提出社会资本是动态能力存在的必要（非充分）条件。[230]杨鹏鹏和袁治平（2008）指出企业家基于信任和互惠互利构建社会关系网络，通过动员、整合、更新、配置网络中的资源，提升企业在环境洞察、变革更新、技术柔性与组织柔性等方面的能力，不断强化自身动态能力。[231]Wu（2006）以动态能力为中介变量研究中国台湾地区高科技企业的企业家社会资本和企业绩效的关系，发现企业家社会资本能够有效促进企业动态能力的提升。[232]姜卫韬（2012）分析了企业家社会资本影响中小企业自主创新能力的机制，企业家社会资本从关系网络、社会资源和机会等维度提升了企业的创新能力。[233]高照军和韦夏等（2015）对中小板上市公司的研究表明，企业高管的政治联系是企业家社会资本的重要组成部分，能够促进企业动态能力的更新。[234]李辉和王聪（2016）基于调查问卷开展的研究表明，企业家商业社会资本与技术社会资本能显著提升企业动态能力。[235]

基于上述理论分析和逻辑推理，提出如下假设：

H2：企业家社会资本有利于提升企业动态能力。

2.3.3　动态能力与多元化战略的关系

基于动态能力理论，动态能力是企业整合、重构和再造内外部资源，保持持续的竞争优势以快速应对动态变化的外部环境的能力（Teece and Pisano，1997[198]；Lee et al.，2002[201]；Wang and Ahmed，2007[203]；West et al.，2014[200]）。其中，“动态”强调企业应具备快速响应和适应快速变化的外部环境，保持和更新竞争优势的能力；“能力”则强调企业通过整合、重构内外部资源，配合战略实施的能力（Jiang，2015）。[207]

梳理学者们开展的相关研究，企业动态能力对于多元化战略具有重要的影响，实施多元化战略是企业动态能力提升的显性表现。Silverman（1999）认为实施多元化战略既是企业充分利用既有竞争优势和资源的过程，也是通过整合、重构资源更新竞争力的过程。[236]企业实施多元化战略要具备一定的发展机会和资源基础，多元化战略实施的成效取决于战略与环境的匹配，如果具备一定的机会和能力企业甚至可以通过重塑环境来推动多元化战略的实施。动态能力能够为多元化战略的实施提供相关机会和资源支撑，甚至引导企业实施多元化战略。

国内外学者从各个视角开展的关于企业动态能力和多元化战略的实证研究也表明，动态能力对多元化战略具有显著的影响（Harreld et al.，2007[105]；Erik and Paul，2008[106]；Nath et al.，2010[107]；赵凤、王铁男等，2012[108]；胡钢、曹兴，2014[110]；许春，2016[120]；盛宇华、蒋后卿，2018[112]）。动态能力对多元化战略的影响大致可以归纳为以下 3 个方面：

（1）动态能力有助于企业获取多元化机会。动态能力是企业适应外部环境变化的能力，动态能力越强企业越容易捕捉到环境变化所带来的新行业发展机会，并结合自身能力抓住机会适时实施多元化经营（尹剑峰，2018）。[111]

（2）动态能力为多元化战略提供资源支撑。企业的人才、资金、知识和信息等资源是动态能力的基本构成要件。这些资源也构成了企业实施多元化战略的资源基础和竞争优势的重要来源（Lee 等，2002[201]）。此外，动态能力是否与发展战略匹配是决定战略实施效果的关键。如果企业原有的核心能力不能与多元化战略匹配，无法适应外部环境的变化，多元化战略的实施便会陷入困境。动态能力通过调整、整合和重构资源，使得企业资源、能力与多元化战略匹配，帮助企业在实施多元化战略过程中保持持续竞争优势，更好地适应环境（Eisenhardt and Martin，2000[103]）。

（3）动态能力引导企业实施多元化战略。尽管企业的多元化战略依赖于现有的资源和竞争优势，但是当企业进入新的多元化经营领域时所面临的外部环境和潜在的市场需求或多或少都会发生改变，因此企业需要通过优化和整合现有的资源及竞争优势以便在新的经营领域中形成竞争优势。具备相应的竞争优势能够促进企业实施多元化战略的决策。而动态能力独特的动态性能够使企业通过改变企业现有的能力以实现竞争优势的创新，克服发展惯性，打破企业经营的路径依赖，为企业进入新的经营领域提供支撑，从本质上来看这是动态能力对企业实施多元化战略的突破性引导（李思琦，2014）。[109]

根据理论分析，企业多元化战略不但要具备相应的资源基础，还要与外部环境、动态能力相匹配。企业是否选择多元化战略、采取多大程度的多元化、何时实施多元化战略等重大战略决策在一定程度上都会受到动态能力的引导和约束。从本质上而言，企业实施多元化战略是探索能够充分发挥企业能力的新业务的动态过程。当企业所经营的业务不能利用其能力创造更大的价值时，企业就具备了采用多元化战略以充分利用自身资源提升企业价值的动机。因此，企业动态能力对多元化战略具有重要的影响，多元化战略的实施成效在很大程度上取决于企业是否具备相应的动态能力。

基于上述理论分析和逻辑推理，提出如下假设：

H3：动态能力强的企业更倾向于实施多元化战略。

2.3.4　企业动态能力的中介效应

基于前文的理论分析和研究假设可知，企业家社会资本越丰富，企业实施多元化战略的动机越强、资源基础越充分；企业家社会资本越丰富，企业越容易形成和提升动态能力；而动态能力又进一步为企业实施多元化战略创造条件。因此，可以推测企业动态能力在企业家社会资本与多元化战略的关系中发挥了中介效应。

根据资源基础理论，战略性异质资源自身不能直接转化为价值，而能力是保证异质资源最终转化成竞争优势和超额收益的关键因素（Barney，2002）。[196]因此，企业家社会资本及其获取的资源仍需要进一步整合转化，才能形成企业的竞争优势。

基于动态能力理论，动态能力是一种能够改变企业能力的能力，是将企业家社会资本及其获取资源转化为企业竞争优势的重要能力。企业动态能力能够有效连接企业家社会资本与多元化战略。企业家社会资本能够有效拓展企业的资源边界，帮助企业获取政策、资金、信息、技术、知识等资源，而动态能力通过资源配置、整合和重构更新企业竞争优势，当企业竞争优势积累到一定程度就可能会触发多元化战略选择的决策点，帮助企业摆脱路径依赖开展新的业务，促进企业开展多元化经营。[237]

企业动态能力的资源整合和配置能力在很大程度上决定了通过企业家社会资本所获取的资源能否有效地转化为企业的竞争优势，并进一步影响企业多元化战略的实施成效。因此，企业动态能力越强，企业家社会资本对多元化战略的支撑力度越大。由此可见，动态能力在企业家社会资本和多元化战略之间发挥着重要的中介效应。

基于上述理论分析和逻辑推理，提出如下假设：

H4：企业动态能力在企业家社会资本与多元化战略之间的关系中发挥着中介效应。

2.4　多元化战略对社会资本与经营风险关系的调节效应

根据1.3节国内外研究现状及评述，当前关于企业家社会资本与经营风险关系的研究以定性分析为主，缺少基于大量数据的实证研究，并且相关研究结论也是碎片化的，尚未建立较为系统的理论体系。根据2.2节相关理论基础，企业家社会资本和多元化战略均对经营风险具有影响，而企业家社会资本又能促进企业实施多元化战略，三者之间的关系以及相互作用的机理尚待厘清。因此，本节将企业家社会资本、多元化战略和经营风险纳入同一研究框架，通过理论分析和逻辑推理提出相关假设，厘清其相互之间的作用机理，并构建研究的理论模型。

2.4.1　企业家社会资本与企业经营风险

企业在经营过程中会遇到各种风险，应对风险也是企业日常经营活动的重要组成部分。根据 1.3 节国内外研究现状及评述，企业家可以借助社会资本帮助企业规避风险。企业家社会资本与经营风险关系的分析主要基于制度基础理论和企业家社会资本理论。

根据制度基础理论，制度是人们普遍认可的行为规则体系，经济学家将制度分为正式制度（指有意识创造的、正式的、成文的相关规定构成的规范体系，具有明确的合法性，并靠组织的正式结构来实施）和非正式制度（人们在长期交往中无意识形成的、不成文的、指导人们行为的道德观念、伦理规范、风俗习惯等）。[210]在正式制度不健全的社会，非正式制度常常成为正式制度的补充，成为规范社会经济活动的重要规则。

20 世纪 90 年代，随着新兴经济体的快速崛起，制度环境对企业经营的影响日益引起研究者的关注。新兴经济体大多是在经济体制转轨的过程中发展起来的，在转轨过程中往往伴随着制度改革，因此企业经营所面临的外部制度环境极不稳定。学者们针对新兴经济体的转轨经济开展了诸多研究，研究结果均表明这些经济体在经济转轨期间普遍存在正式制度缺失（Khanna and Palepu，2000[238]）、政府控制稀缺资源（Hellman and Schankerman，2000[239]）、政府干预企业经营（Ahlstrom et al.，2000[240]）、政策缺乏连续性（Peng and Heath，1996[213]；Park and Luo，2001[241]）、私营企业产权缺乏保护（Ahlstrom et al.，2000[240]）等问题。这些问题加剧了企业的经营风险。因此，规避经济转轨期制度环境不稳定所带来的风险，成为新兴经济国家企业经营面临的重要问题。

根据学者们的研究，在新兴经济体转轨经济期不稳定的外部制度环境下，企业家社会资本作为一种非正式制度成为替代正式制度的重要选择。Putnam 等（1993）认为社会资本实质上是社会规则，这种规则能够通过发挥信任、规范等作用提升社会效率。[54] Dasgupta（2000）将社会资本归结为被人忽视但又对经济生活具有重要影响的制度性因素。[242] Oliver（1997）指出外部经营环境越不稳定，企业越倾向于向政府官员寻求政治资源和制度资本来谋求自身利益。[243] Peng 和 Luo（2000）[167]、Danis（2010）[244]的研究均表明在转轨经济和新兴经济体中企业经营与企业家社会资本具有紧密的联系，并且与发达国家相比发展中国家的企业家在编织和维护社会关系网络上的投入更大。

通过与西方发达国家比较，可以发现非正式制度在中国社会运行中发挥着重要作用。尤其是在中国转轨经济期，由于没有成功的历史经验可借鉴，为了降低改革风险，中国采取了“摸着石头过河”的渐进式增量改革，即改革是在探索中逐渐展开的，在此过程中难免有反复，政策、法规和规则等正式制度具有较大的波动性和不连续性（Peng and Heath，1996[213]；Peng and Zhou，2005[245]）。在此背景下，企业家社会资本在一定程度上替代了正式制度的作用，填补了正式制度的空白（Khanna and Palepu，2000[238]）。很多中国的企业家选择通过构建与政府、金融机构等利益相关者的社会关系网络，通过积累社会资本来减少外部制度体系不稳定所带来的风险。企业依托社会资本可以优先获得进入优先产业的经营许可或者获得好的项目批文，发生突发事件和紧急情况时企业也能通过社会关系网络获得应对危机所需要的各种资源。比如，当企业出现资金流动性紧张时，企业家可以通过社会关系网络及时获得银行贷款或其他企业的担保，帮助企业度过暂时的危机，这种案例在实践中不胜枚举。针对中国企业开展的相关研究也确定了企业家社会资本具有分散经营风险的作用（张建君、张志学，2005[122]；张敏、黄继承，2009[126]；杨东进、邓吉，2013[100]；唐健雄、倪媛玉，2015[101]；滕颖、李颖，2015[127]；Ooi and Hooy et al.，2015[124]；吴颖宣、施建军，2018[125]）。因此，在不违反法律和道德的前提下，合理运用企业家社会资本有助于企业规避经营风险。

基于上述理论分析和逻辑推理，提出如下假设：

H5：企业家社会资本有利于分散企业经营风险。

2.4.2 多元化战略与企业经营风险

根据 1.3.5 节多元化战略与经营风险关系研究现状的综述，很多学者认为分散经营风险本是企业实施多元化战略的重要动因，但是企业在经营实践中实施多元化战略的效果并不尽如人意。因此，多元化战略与企业经营风险之间的关系仍然存在较大争议。可以说，多元化战略是一把“双刃剑”，它既可能降低企业经营风险，也可能提高企业经营风险。影响多元化战略与经营风险的因素众多，总体上可以从企业内部资源和能力、治理机制和外部制度环境 3 个视角展开分析。

1. 企业内部资源和能力的影响

从内部资源和能力的角度来看，多元化战略应与企业所拥有的资源和能力相匹配。当企业具备了充足的基础条件时，通过实施多元化战略可以降低由于单个行业收入波动给企业经营造成的影响，从而有效分散经营风险。但是当自身所拥有的资源和能力不足时，企业开展多元化经营，特别是开展非相关多元化经营，会在很大程度上提高企业的经营风险。首先，实施多元化战略导致企业涉足行业领域较多，导致有限的人、财、物等资源投入过于分散，不仅不能保障新业务的发展，而且还会影响原有业务的正常经营，提高了企业经营的不确定性。其次，企业实施多元化战略一般会增加企业的业务部门或管理层级，增加了企业管理、协调的难度，降低企业资源配置效率，提高了企业经营风险。最后，企业实施多元化战略进入新的业务领域，对企业整合资源适应外部环境的要求也相应提高，如果企业动态能力不足，也会导致企业发展面临更大的不确定性，提高了企业的经营风险（Weston and Mansingka，1971[153]；Barton，1988[152]；杨强、汪波等，2008[155]；郑晓光、班桢，2016[157]）。此外，还有学者指出中国企业的经营模式和企业家的经营理念尚不成熟，管理者尚缺乏开展多元化经营的经验，因而实施多元化战略并不能有效分散企业经营风险（吴国鼎、张会丽，2015）。[156]基于上述分析，盲目实施多元化战略不仅不能分散经营风险，还有可能提高经营风险。

2. 企业治理机制的影响

从企业治理机制的角度来看，委托代理制度是企业管理者实施多元化战略的非正常动机之一。在现代企业治理机制下，所有权和经营管理权的分离致使企业所有者利益与管理者利益不一致，企业管理者容易在个人利益的驱动下做出损害企业所有者利益的逆向选择。在委托代理机制下，企业管理者不可能像投资者那样通过投资组合规避自己的职业风险。因此，为了分散自身的职业风险，管理者在企业经营中会在不违反法律和聘任合同要求的前提下采取一些方式以实现自身利益最大化。通过实施多元化战略实现企业规模扩张，以此提高自己的声誉、稳固自己的地位、降低被解雇的风险便是管理者常用的手段（Shleifer and Vishny，1997）。[246]另外，由于管理者与股东利益存在矛盾，多元化成为经理人攫取企业财富的方式，削弱了企业核心竞争力（冯旭日、海丹凤，2018）。[247]显然，管理者为了保障自身利益而实施的多元化扩张会提高企业的经营风险。

3. 外部制度环境的影响

从外部来看，制度环境对多元化战略与企业经营风险之间的关系具有重要的影响。根据制度基础理论，影响经济发展的主要因素既不是资本也不是资源而是制度，制度本身就是一种生产力。企业的经营活动也离不开特定的制度土壤，其经营行为自然也受到所处制度环境的约束和影响，尤其是在快速转型和大变革时期，制度环境对企业决策的影响就更加重要（杨典等，2011）。[248]从某种意义上来说，多元化战略是企业基于所处外部制度环境所做出的行为选择，制度环境不同，多元化战略对企业经营风险的影响也迥然不同。当然，研究中国企业多元化战略与经营风险之间的关系就必须考虑经济转轨期的特殊外部制度环境。樊纲、张维迎等经济学家都指出中国仍然处于经济转轨期，市场化机制尚不够成熟，政府仍然掌握着企业经营所需的大量关键资源（比如土地、资金等），并通过产业政策、行政审批对企业经营进行广泛的规制、诱导。[249]很多中国企业的多元化经营行为都深深地打上了制度的烙印。制度环境的快速变化和不可预测性是经济转轨期的重要特征。在这种环境下，政府在调整相关制度、政策的过程中会在不同的产业领域创造出许多新的机会，刺激企业不断进入新的领域而导致多元化程度越来越高。因此，过高的制度不确定性使得中国企业的多元化经营具有明显的机会主义倾向，导致企业无法专注于某一领域的技术创新和市场开拓。显然，在转轨经济背景下企业实施多元化战略的动机与成熟市场环境下的动机是有差异的，对经营风险的影响也必然不同。在此特殊背景下，很多企业的多元化通常具有进入优势但缺乏竞争优势，实施多元化战略存在较大的风险。

基于上述理论分析和逻辑推理，提出如下假设：

H6：实施多元化战略提高了企业经营风险。

2.4.3　多元化战略的调节效应

根据前文的理论分析和研究假设，企业家社会资本能够有效分散企业经营风险；企业家社会资本能够促进企业实施多元化战略；在转轨经济背景下实施多元化战略又会提高企业经营风险。因此，企业家社会资本、多元化战略与经营风险三者之间的关系较为复杂，有待于进一步分析。

根据 2.4.1 节的分析，企业家社会资本能够有效降低企业经营风险。企业家社会资本作为企业特殊的资源和能力，在经济转轨背景下能够弥补正式制度的缺失，为企业获取发展所需的机会和资源，使企业更好地适应发展环境。根据 1.3.4 节的研究综述，国内外学者对企业家社会资本能够降低经营风险的观点已经达成广泛共识。

在研究企业经营风险问题时，多元化战略是一个非常重要的影响因素。根据 1.3.5 节的研究综述，国内外学者以不同国家和地区、不同类型的企业为研究对象对两者之间的关系开展了众多研究，不过一直没有达成共识。分散经营风险本来是企业实施多元化战略的重要动机之一，但是企业实施多元化战略的效果却并不理想。尤其是在中国转轨经济期间，受企业管理者自身利益和外部制度环境的影响，企业实施多元化战略的动机已经异化，不完全是为了分散经营风险，有可能是非理性的。因此，对于实施多元化战略的企业而言，企业家社会资本降低经营风险的效果必然会受到多元化动机的影响。如果企业的多元化战略是建立在企业竞争优势之上的理性决策，且多元化程度保持在企业资源和能力可支撑的边界内，那么多元化经营可以增强企业家社会资本分散经营风险的效果。反之，如果企业的多元化战略是企业为了满足地方政府的政绩需要，抑或是企业家过度自信甚至是为了获取自身利益而做出的非理性决策，致使多元化经营超出了企业资源和能力可支撑的边界，那么多元化经营会给企业带来新的风险，从而弱化企业家社会资本分散经营风险的效果。

通过分析可知，尽管企业家社会资本能够降低经营风险，但是对于实施多元化战略的企业而言，这种效果会受到多元化战略的影响，有可能被强化或者弱化。具体情况取决于企业的多元化战略决策是否充分考虑了企业所拥有的资源和动态能力，取决于企业所拥有的资源和能力能否与其多元化战略相匹配。因此基于逻辑推理可以判断，多元化战略对企业家社会资本与经营风险之间的关系具有调节效应。

基于上述理论分析和逻辑推理，提出如下假设：

H7：多元化战略在企业家社会资本与经营风险之间的关系中发挥着调节效应。

2.5 构建机理模型和理论研究模型

2.5.1 社会资本影响多元化和经营风险的机理模型

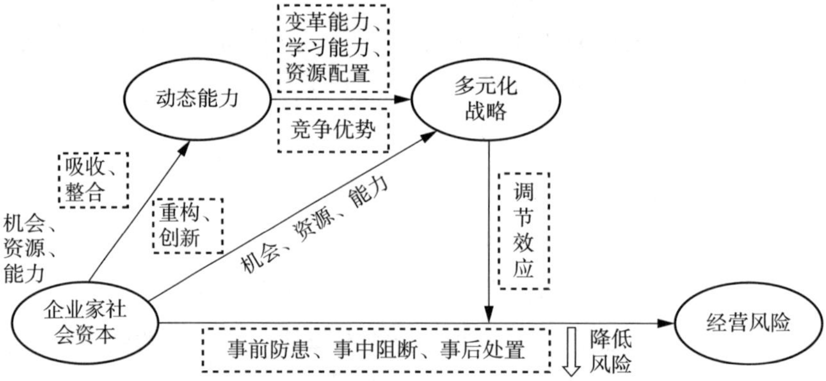

图 2-3 企业家社会资本、动态能力、多元化战略和经营风险之间的作用机理

企业家作为企业的主要决策者，其社会资本必然会影响到企业发展战略的决策，进而对企业经营风险产生影响。基于 1.3 节的相关研究综述，2.2 节关于企业家社会资本理论、资源基础理论、动态能力理论、制度基础理论的分析，以及 2.3 节关于企业家社会资本、动态能力和多元化战略相互之间关系的逻辑推理，2.4 节关于企业家社会资本、多元化战略和经营风险相互之间关系的逻辑推理。可以归纳、抽象出如图 2-3 所示的企业家社会资本、动态能力、多元化战略和经营风险之间的作用机理。

2.5.2　社会资本和动态能力影响多元化的机理

2.5.2.1　企业家社会资本推动企业实施多元化战略

基于制度基础理论，外部制度环境不完善促使企业产生了通过实施多元化战略适应外部环境的动机。而企业家社会资本为企业选择和实施多元化战略提供了机会以及资源和能力保障。

（1）企业家社会资本为实施多元化战略创造机会。由于外部制度环境不完善，企业在市场准入等方面的机会不均等，企业一旦取得相关行业的准入资格就意味着可以获得垄断地位和超额利润。而企业家社会资本的多寡往往决定了企业能否取得市场准入资格。因此，企业家拥有的社会资本越丰富就越有可能为企业争取到市场准入机会，从而为多元化经营提供机会。

（2）企业家社会资本的专有性推动企业实施多元化战略。基于资源基础理论，企业家社会资本能够帮助企业获取政策、资金、技术、信息等稀缺资源。但是企业家社会资本具有非常显著的专有性特点，基本上只能用于企业家所在企业的发展。这就意味着，当企业家社会资本积累到一定程度出现剩余时，很难通过市场交易加以变现，只能通过实施多元化战略在企业内部将其转化为价值。因此，企业家社会资本的剩余进一步强化了企业实施多元化战略的动机。

2.5.2.2　动态能力对企业家社会资本与多元化战略关系的中介效应

根据资源基础理论和动态能力理论，企业家社会资本作为重要的资源获取手段，能够为企业获取稀缺的战略性异质资源，为企业提升动态能力和实施多元化战略提供资源保障。但是通过企业家社会资本获取的资源并不能直接转化为价值，需要进一步整合和重构才能转化为企业的竞争优势。而动态能力是企业将资源转化为竞争优势的重要能力。在企业家社会资本所获取资源的基础上，企业通过持续吸收、整合、重构和创新不断提升动态能力，使得企业将资源转化为竞争优势的能力不断增强。动态能力又可以从组织变革、学习能力和资源配置能力等维度提升企业的竞争优势，为其实施多元化战略创造条件，并为多元化战略的实施提供保障。因此，动态能力在企业家社会资本影响多元化战略的过程中发挥了中介效应。

1. 变革能力帮助企业捕捉多元化经营的市场机会

对企业而言，很难准确预测未来外部环境和自身发展状况的变化，因此在经营过程中会面临诸多潜在风险的威胁，其中外部环境的突变是企业所面临的最大风险因素。作为企业动态能力的重要组成部分，变革能力是企业通过调整和变革管理理念、经营方式、组织结构、资源配置等要素适应外部环境变化的重要能力。通过提升变革能力适应环境变化是企业应对外部环境变化风险的有效手段。企业家作为连接企业和外部环境的重要纽带，其社会资本越丰富就越能够及时洞察外部环境的变化。而变革能力能够帮助企业及时根据外部环境的变化调整经营战略。因此，当新的市场机会出现时，强大的变革能力能够帮助企业更好地抓住机会进入新的经营领域，促进多元化经营的开展（Zahra and George，2002[250]；Makkonen and Pohjola et al.，2014[251]）。

2. 学习能力突破路径依赖促进实施多元化战略

学习能力是企业积极吸收新知识，整合和重构企业资源，更新企业动态能力，提升企业竞争优势的能力。学习能力是企业动态能力的重要组成部分，体现了企业动态能力的主观能动性，是企业动态能力不断更新发展的基础。企业在发展过程中会将以往的经营管理方式、做法和经验固化下来，不断强化自身的核心能力和竞争优势，从而形成较强的路径依赖。企业的动态能力同样也受到企业发展轨迹的制约，具有路径依赖的特性。但是企业生存发展所面临的外部环境是动态变化的，其发展轨迹总是被某些因素打破。在这个过程中，学习能力的作用非常重要，它通过吸收并转化企业获取的新知识、整合重构资源，推动企业摆脱路径依赖，实现从一种稳定状态向另一种稳定状态的跃迁。因此，对于企业管理者和员工而言，均需不断在工作中学习提升，持续改进和提升组织的经营惯例及创新能力，从而持续增强企业的竞争优势（Edwad et al.，2005）。[252]尤其是实施多元化战略的企业，原有的经营方法、组织结构、资源配置可能会束缚和阻碍新业务的开展，导致多元化经营难以顺利开展，通过提升组织的学习能力，针对新的业务、市场整合和重构资源，能够帮助企业摆脱路径依赖的束缚，有效促进多元化战略的实施。

3. 资源配置能力巩固多元化战略实施效果

资源配置能力是企业结合外部环境和发展战略整合、配置资源，以更好地实现战略目标的能力。资源配置能力是企业动态能力的重要组成部分，是企业强化竞争优势的重要能力（王建军、昝冬平，2015）。[253] 实施多元化战略的企业进入新的经营领域，不仅需要一定的资源支持，更需要充分运用资源配置能力实现资源与发展战略和外部环境的适配。企业的资源配置能力在某种程度上决定了企业实施多元化战略的规模、范围的边界，只有在边界内才能充分发挥企业资源和竞争优势的作用，实现效益最大化。

2.5.3　社会资本和多元化影响经营风险的机理

2.5.3.1　企业家社会资本分散经营风险的机理

企业家社会资本作为应对不稳定的外部环境的非正式制度，能够帮助企业适应外部环境变化，有效化解经营中各种潜在的风险。企业家社会资本对经营风险的影响贯穿于企业经营全过程，其机理基本体现在事前、事中和事后 3 个阶段对经营风险的干预。

（1）事前严格控制风险源头防患于未然。企业家社会资本中蕴含了大量的政治、经济、社会和技术等方面的资源。这些资源以企业家为载体通过经营管理融入企业日常的经营过程中，能够有效地控制风险源头，发现风险事件并及时处理，将风险消弭于萌芽状态。

（2）事中快速响应阻断风险传导。社会资本使企业家拥有了丰富的知识储备和快速的信息通道，当发生经营风险时能够快速对问题做出准确判断并及时响应。对于经营过程中发生的环境变化、资源配置、管理决策等问题，更容易在事中快速决断，并调用相关的资源加以解决，阻断风险的进一步传导，在危机扩大之前将其解决。

（3）事后干预消除风险余波。很多情况下，企业具备处理经营风险的资源和能力，所发生的经营风险本身并不足以给企业造成毁灭性的伤害，但是很多企业却往往在遭遇不足以致命的风险事件之后轰然倒下，问题的根源在于风险爆发后利益相关者的围、追、堵、截使企业丧失了处理危机的最佳时机，而企业家社会资本可以在很大程度上化解该问题。企业家在建立社会关系网络的过程中，与政府部门、相关企业及其他利益相关者建立起了稳定的互信互利关系。即便企业遭遇重大危机事件，也更容易取得政府的支持、相关企业和利益相关者的信任和帮助，为企业赢得宝贵的时间和资源，使其能够力挽狂澜、消除风险余波并实现劫后重生。

2.5.3.2 多元化战略对企业家社会资本与经营风险关系的调节效应

企业家社会资本作为企业特殊的资源和能力为实施多元化战略提供了机会和资源基础。企业根据自身条件和外部机会适度开展多元化经营能够进一步分散企业经营风险。但是如果企业超出自身资源和能力的边界盲目开展多元化经营则会引发诸如环境、资源分散、财务和管理等方面的潜在的风险。

1. 环境风险

企业所处外部环境纷繁复杂，政治、经济、社会和技术等因素的瞬息万变皆会给企业经营和发展带来不确定性，从而构成企业经营的环境风险。实施多元化战略的企业所涉及的行业较多，其所面临的外部环境风险进一步加大，如国家产业政策和区域招商引资政策对企业经营具有重要影响，企业如不谨慎调查分析和评估相关政策而盲目投资进入新的经营领域，一旦政策导向发生变化将导致企业多元化战略面临风险。

2. 资源分散风险

企业在一定时期内资源是有限的，而实施多元化战略重新配置资源会因资源分散而导致风险。一方面，企业将优质资源分流到新的经营业务，削弱了原有主导或优势业务的资源投入，导致其竞争力下降。另一方面，企业过度多元化会导致每个领域对人力、物力、财力等资源的需求都无法得到充分的保障，不能发挥多元化战略的协同效应和规模效应，导致企业整体竞争力下降。

3. 财务风险

多元化战略需要对多个行业的项目进行投资，会导致企业资金需求量大增。若使用借贷资金，大量筹资会导致企业财务杠杆放大、偿债能力下降。即便是上市公司使用自有资本进行投资，将大量资金投入新的行业也面临很大的不确定性，投资的机会成本也较高。因此，若企业盲目求大求全，草率实施多元化战略，将资金投入不熟悉或者风险较高的领域，一旦投资失败将会导致企业陷入财务危机（Rajan and Servaes et al.，2000[254]；Wulf，2009[255]；游家兴、邹雨菲，2014[97]；吴国鼎、张会丽，2015[156]）。

4. 管理风险

实施多元化战略使企业涉足的行业数量增加，内部经营管理整合难度加大，会大幅增加企业的管理风险。多元化战略导致组织机构增加，管理决策的跨度变大，管理效率降低，管理成本增加，决策风险增大；由于要跨入新的行业和业务领域，不同行业的业务流程、市场模式的差异会对企业原有管理体系造成冲击，使得原有的管理模式和管理经验无法满足新的管理需求；企业还要面对协调新老产业之间关系的管理决策风险。[256]

因此，企业实施多元化战略所带来的诸多潜在风险都会影响经营风险，从而对企业家社会资本与经营风险之间的关系产生调节效应。

2.5.4　社会资本影响多元化和经营风险的理论模型

根据 2.3 节、2.4 节和 2.5 节的理论分析、研究假设和影响机理研究，企业家社会资本能促进企业动态能力的形成和提升，企业动态能力能够促使企业实施多元化战略，企业动态能力在企业家社会资本与多元化战略的关系之间发挥着中介效应。企业家社会资本能分散企业经营风险，在转轨经济背景下多元化战略又会提高经营风险，企业多元化经营的程度在企业家社会资本与企业经营风险的关系中发挥着调节效应。

由此，本书构建了企业家社会资本、动态能力、多元化战略和经营风险的理论研究模型，如图 2-4 所示。

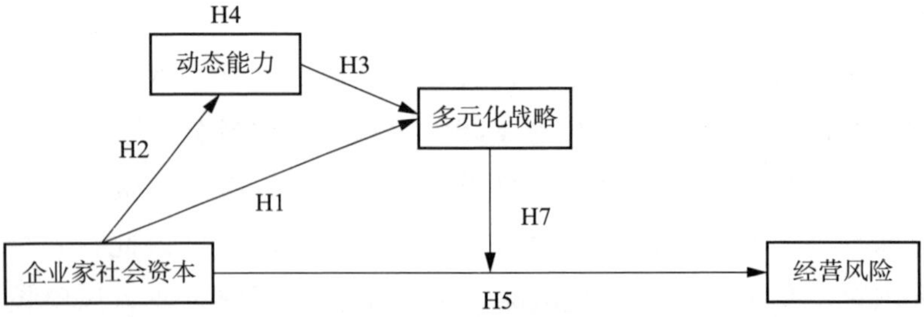

图 2-4　企业家社会资本、动态能力、多元化战略和经营风险的理论研究模型

2.6　本章小结

本章梳理和分析了研究所涉及的相关概念和基础理论，并通过理论分析和逻辑推理提出了相关研究假设，揭示了企业家社会资本影响多元化战略决策和企业经营风险的机理，构建了理论研究模型。首先，界定了企业家社会资本、多元化战略、企业经营风险的概念。其次，系统梳理了企业家社会资本、资源基础、动态能力、制度基础等为研究提供支撑的基础理论。再次，在理论分析的基础上提出了企业家社会资本影响多元化战略的相关假设，刻画了企业家社会资本、动态能力与多元化战略之间的作用机理，并构建了企业家社会资本、动态能力与多元化战略关系的理论研究模型。最后，在理论分析的基础上提出了企业家社会资本影响企业经营风险的相关假设，刻画了企业家社会资本、多元化战略与企业经营风险之间的作用机理，并构建了企业家社会资本、多元化战略与企业经营风险的理论研究模型。

第3章

企业家社会资本影响多元化与经营风险的探索性分析

本章通过对企业高管开展问卷调查，深入了解企业家社会资本的构成、不同层次企业家社会资本的差异，从企业高管的视角分析企业家社会资本的作用、企业实施多元化战略的动因，探索企业家社会资本与多元化战略和经营风险的关系。本章起着承上启下的作用，其作用主要体现在两个方面：①基于企业高管问卷调查数据，从经营实践的视角验证第 2 章通过理论分析和逻辑推理所提出的部分研究假设；②通过对企业高管的问卷调查，了解企业家社会资本的构成情况，为第 4 章、第 5 章开展实证研究确定研究样本、构建企业家社会资本测量体系、选择构建计量模型的变量提供参考依据。

3.1 调查问卷设计及调查实施

3.1.1 调查问卷设计过程

严谨有效的调查问卷是获取所需样本资料的重要前提条件。为了保证问卷的效度和信度，根据 Gerbing 和 Anderson （1988）[257]，Dunn 和 Seaker (1994)[258] 等学者的建议，通过以下流程设计调查问卷。

首先，参考国内外文献，设计测量题项，形成问卷初稿。梳理国内外关于企业家社会资本的文献，筛选出与本章相关并且已经通过研究证实信度和效度较好的量表作为依据，引用其中的相关题项，并结合本章的实际情况对其中某些题项进行修改和调整，最终整理出本章的各个题项及量表，形成调查问卷的初稿。

其次，与相关领域的专家讨论修改调查问卷。为了保证调查问卷的质量，征求该领域内专家的意见。重点针对调查问卷格式、问卷逻辑、题项设计、措辞表达、调查问卷完整性和针对性等问题进行讨论。根据讨论结果，进一步修改和完善调查问卷的题项和措辞，并调整调查问卷的格式，加强调查问卷的逻辑性和可理解性。经过该轮修改，形成调查问卷第二稿。

再次，与企业高管讨论修改调查问卷。与企业高管进行面对面的交流，征求他们对调查问卷的意见。重点从受访者的角度，对问卷表达措辞的通俗性、题项的可理解性、问卷题项设计与企业实际情况的相符性、问卷的完整性、问卷设计题项数据的可获取性等征求意见。根据企业高管的反馈意见，问卷中相关题项涉及企业私密，如企业名称、利润、企业家姓名和联系方式等；一些问题设计存在重复需要精简。针对企业高管的反馈意见，进一步修改调查问卷，将企业及企业家相关信息调整到问卷尾部并设定为选填项目，将存在重复的问题合并，调整调查问卷的一些表达措辞使之更通俗易懂。经过该轮修改，形成调查问卷第三稿。

最后，开展预调研，测试调查问卷。在进行正式的大规模问卷调查之前，对 20 位企业高管进行了预调研。通过分析高管填写的调查问卷，并结合与之交谈所获得的反馈，进一步修改了调查问卷中表达不够清晰的题项，最终形成正式调查问卷。

3.1.2 调查问卷内容

调查问卷包括四大部分内容，分别是背景资料、企业家社会资本情况、企业多元化经营情况、企业家社会资本与多元化和企业经营风险的关系。背景资料部分包含个人基本信息和企业基本信息，其中个人基本信息主要收集企业家职位、性别、年龄、学历、专业和从业年限等信息，共 6 个问题；企业基本信息主要收集企业所在区域、成立时间、所有制形式、企业规模、资产负债率等信息，共 7 个问题。企业家社会资本情况主要了解企业家所拥有的社会资源，采用位置生成法测量企业家社会资本，了解企业高管对企业家社会资本及其作用的相关看法，共5个问题18个项目。企业多元化经营情况主要了解企业多元化状况及实施多元化的动因，共3个问题。企业家社会资本与多元化和企业经营风险的关系主要了解企业家对企业家社会资本、多元化战略、企业经营风险之间关系的看法，共5个项目。为了便于受访者答题，调查问卷的测量题项全部采用选择题的形式。根据Berdie（1994）的研究，若量表的选项超过5个，一般人难有足够的判断力，会影响调查问卷的信度。[259]因此，关于企业高管对企业家社会资本相关表述的认同程度采用李克特五分制量表。调查问卷详见附录。

3.1.3　问卷调查实施

1. 调查对象及调查方式

问卷的调研对象主要是企业的董事长、总经理（CEO）以及其他高管。为了便于受访者填写问卷、提高问卷的回收率和回收的快捷性，将调查问卷设计成微信版。为了更好地了解不同区域的企业家社会资本之间的差异以及企业家对社会资本认识的差异，此次调查主要围绕珠三角地区、长三角地区、环渤海地区、东北地区等几个中国典型的经济圈展开。本次调查通过熟人关系网络开展，问卷调查的实施主要通过5位具有一定企业高管关系网络的联络人以微信链接的方式向上述5个区域企业高管定向推送问卷，同时也通过朋友协助收集了其他部分地区的数据。

2. 调查问卷回收情况

此次调查共回收问卷149份，经审核剔除30份无效问卷，最终得到有效问卷119份，问卷有效率达到79.87%。无效问卷的判断标准为：①关于企业家对社会资本及其作用看法的测量题项答案完全相同；②问卷前后问题答案存在明显的矛盾。

3.1.4 同源方差分析

由于整张问卷是由同一受访者回答，有可能会出现同源误差，从而影响问卷的质量和效度。为了避免同源误差，本章在问卷设计阶段反复修正量表，力求合理；问卷调查采用匿名的方式，以便受访者更客观地作答，获得可靠的数据。

最后，用 Harman 单因素因子分析进行同源方差检验。对调查问卷中的 20 个题项进行 Harman 单因素因子检验，未旋转因子结果显示共有 5 个因子的特征值大于 1，累计 62.988%的总解释方差，其中第一个因子的方差解释率为 28.538%，低于 40%的标准值，因此检验结果没有发现主导的共同因子。检验结果表明同源方差是可以接受的，不会对问卷的有效性产生本质影响。

3.2 调查数据描述性统计分析

3.2.1 样本企业高管基本信息描述性统计分析

收集到的 119 个有效样本中，董事长 23 人，总经理（CEO）32 人，其他高层管理者 64 人，结构如图 3-1 所示，其中董事长和总经理（CEO）占总人数的 46.22%。样本中男性 93 人，占比为 78.15%；女性 26 人，占比为 21.85%，这与中国企业高管的性别结构基本一致①。

通过对收集到的 119 个有效样本的企业高管基本信息进行描述性统计分析，结果如表 3-1 所示。样本中高管以中年人为主，其中 36~45 岁的高管占比最高，达到 38.66%；36~55 岁的高管占比达到 68.91%。从样本数据来看，高管的学历层次较高，89.08%的高管拥有本科以上学历，其中拥有博士学位

① 国际会计机构致同会计师事务所 2016 年 3 月 8 日发布的《国际商业调查报告》显示，女性占全球企业高级管理人员的比例为 24%，中国大陆企业女高管占比从 2014 年的 25%上升至 30%。

的占比为 8.40%，拥有硕士学位的占比为 40.34%。从样本中高管的专业背景来看，具有经济管理类专业背景的高管最多，占比达到 61.34%；其次为理工类专业背景，占比为 24.37%；其他专业背景占比仅为 14.28%。样本中高管的行业从业年限 10 年以上的占比为 64.71%，5 年以上的占比为 82.36%。

表 3-1　问卷调查样本个人基本信息描述性统计分析结果

调查变量	类别	频数	百分比（%）	累计百分比（%）
职位	董事长	23	19.33	19.33
	总经理/CEO	32	26.89	46.22
	其他高层管理人员	64	53.78	100.00
性别	男	93	78.15	78.15
	女	26	21.85	100.00
年龄	35 岁及以下	37	31.09	31.09
	36~45 岁	46	38.66	69.75
	46~55 岁	36	30.25	100.00
	56 岁及以上	0	0.00	100.00
学历	博士研究生	10	8.40	8.40
	硕士研究生	48	40.34	48.74
	本科	48	40.34	89.08
	专科及以下	13	10.92	100.00
专业背景	理工类	29	24.37	24.37
	经济管理类	73	61.34	85.71
	文法类	9	7.56	93.28
	其他	8	6.72	100.00
行业从业年限	5 年以下	21	17.65	17.65
	5~10 年	21	17.65	35.29
	10 年以上	77	64.71	100.00

通过对企业高管个人基本信息的描述性统计分析可以发现，样本企业高管具有良好的教育背景、专业的知识背景、丰富的从业经验和行业阅历，通过问卷所表达的相关观点是其在企业管理实践中总结出来的真知灼见，具有很强的代表性，符合此次问卷调查对象选择的基本要求。

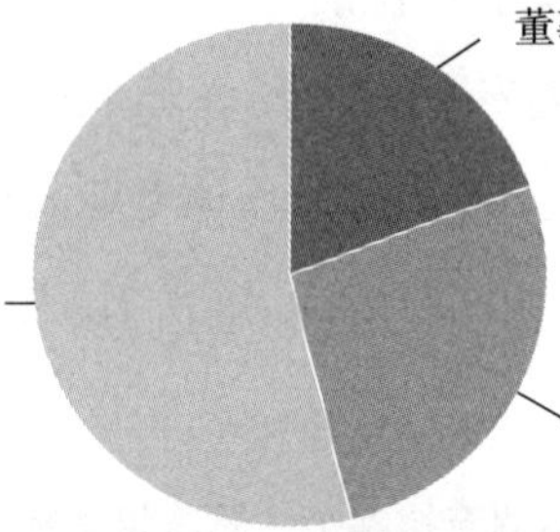

图 3-1　问卷调查样本构成情况

3.2.2　样本企业基本信息描述性统计分析

通过对收集到的 119 个有效样本的企业基本信息进行描述性统计分析，结果如表 3-2 所示。

表 3-2　问卷调查样本企业基本信息描述性统计分析结果

调查变量	类别	频数	百分比（%）	累计百分比（%）
企业所在区域	珠三角地区	42	35. 29	35. 29
	长三角地区	26	21. 85	57. 14
	环渤海地区	18	15. 12	72. 26
	东北地区	17	14. 29	86. 55
	其他地区	16	13. 45	100. 00
企业成立时间	1981 年之前	12	10. 08	10. 08
	1981—1990 年	11	9. 24	19. 33
	1991—2000 年	20	16. 81	36. 13
	2000 年之后	76	63. 87	100. 00
上市情况	上市公司	25	21. 01	21. 01
	非上市公司	94	78. 99	100. 00
所有制形式	国有独资或者控股企业	29	24. 37	24. 37
	集体企业	2	1. 68	26. 05
	民营企业	80	67. 23	93. 28
	外商独资或者控股企业	8	6. 72	100. 00

续表

调查变量	类别	频数	百分比（%）	累计百分比（%）
企业员工数量	100 人以下	43	36.13	36.13
	100~500 人	33	27.73	63.87
	500~2000 人	14	11.76	75.63
	2000~5000 人	9	7.56	83.19
	5000 人及以上	20	16.81	100.00
企业资产规模	2000 万元以下	31	26.05	26.05
	0.2 亿~1 亿元	26	21.85	47.90
	1 亿~50 亿元	33	27.73	75.63
	50 亿~100 亿元	8	6.72	82.35
	100 亿元及以上	21	17.65	100.00
企业年营业收入	2000 万元以下	31	26.05	26.05
	0.2 亿~1 亿元	25	21.01	47.06
	1 亿~50 亿元	44	36.97	84.03
	50 亿~100 亿元	4	3.36	87.39
	100 亿元及以上	15	12.61	100.00
企业资产负债率	20%以下	61	51.26	51.26
	20%~50%	31	26.05	77.31
	50%~80%	24	20.17	97.48
	80%及以上	3	2.52	100.00

注：珠三角地区包含了广东、香港和澳门，此次调查主要面向广东，问卷数量为 42 份；长三角地区主要包括上海、浙江和江苏 3 个省份，问卷数量分别为 10 份、9 份和 7 份；环渤海地区主要包括北京、天津、山东、河北、山西、内蒙古、辽宁等五省（区）二市，本章将辽宁划入东北地区统计，此次调查问卷主要涉及北京、山东、河北、天津和内蒙古，其中以北京和山东为主，问卷数量分别为 5 份和 8 份，天津 1 份，河北 3 份，内蒙古 1 份；东北地区主要包括黑龙江、吉林和辽宁 3 个省，问卷分别为 13 份、2 份和 2 份；其他地区主要包括海南和中西部的河南、安徽、贵州、四川、重庆，以及海南、福建等省份，其中海南回收问卷 8 份。

样本企业所在区域以珠三角、长三角、环渤海和东北 4 个经济圈为主，占调查企业总数的 86.55%。样本企业成立于改革开放之前的有 12 家，成立于 1981—1990 年的有 11 家，成立于 1991—2000 年的有 20 家，成立于 2001 年之后的有 76 家。样本企业上市公司 25 家，占比为 21.01%；非上市公司 94 家，占比为 78.99%。样本企业的所有制形式非常丰富，涵盖了国有、集体、民营和外资企业，其中国有独资或者控股企业 29 家，占比为

24.37%；集体企业 2 家，占比为 1.68%；民营企业 80 家，占比为 67.23%；外商独资或者控股企业 8 家，占比为 6.72%。企业员工数量主要集中在 2000 人以下，数量达到 90 家，占比为 75.62%。企业资产规模主要集中在 50 亿元以下，占比达到 75.63%。企业年营业收入主要集中在 50 亿元以下，占比达到 84.03%。企业的资产负债率普遍都比较低，大多数都低于 50%，占比高达 77.31%，并且资产负债率低于 20%的企业占比达到了 51.26%。通过企业基本信息的描述性统计分析可以发现，样本企业以成立于 2001 年以后的中小型民营企业为主。

3.2.3 企业家社会资本情况描述性统计分析

对收集到的 119 个有效样本的企业家社会资本情况进行描述性统计分析，结果如表 3-3、表 3-4 所示。

表 3-3 问卷调查样本中企业家社会资本情况描述性统计分析结果

调查变量	类别	频数	百分比（%）	累计百分比（%）
担任人大代表或政协委员	国家级	1	0.84	0.84
	省级	0	0.00	0.84
	市级	7	5.88	6.72
	区县级	3	2.52	9.24
	无	108	90.76	100.00
获得各级政府的荣誉称号或表彰嘉奖	国家级	1	0.84	0.84
	省级	3	2.52	3.36
	市级	11	9.24	12.61
	区县级	5	4.20	16.81
	无	99	83.19	100.00
担任商业协会领导职务	理事长	1	0.84	0.84
	副理事长	5	4.20	5.04
	会长	4	3.36	8.40
	副会长	12	10.08	18.49
	无	97	81.51	100.00

表3-4 问卷调查样本中高管与相关人员的熟悉程度分析结果

人员	不认识（频数/%）	仅仅认识（频数/%）	有点交往（频数/%）	很熟悉（频数/%）
市级以上政府官员	45（37.82）	36（30.25）	27（22.69）	11（9.24）
市级以上两会代表	46（38.66）	38（31.93）	28（23.53）	7（5.88）
支行行长以上银行行长	21（17.65）	38（31.93）	47（39.50）	13（10.92）
行业领先企业的董事长或CEO	28（23.55）	30（25.21）	46（38.66）	15（12.61）
科研院所研究人员或高校教授	20（16.81）	27（22.69）	51（42.86）	21（17.65）
政府职能部门公务员	9（7.56）	37（31.09）	47（39.50）	26（21.85）

样本企业高管担任各级人大代表或政协委员的比例为9.24%。样本企业高管获得各级政府的荣誉称号或表彰嘉奖的比例为16.81%。样本企业高管担任商业协会领导职务的比例为18.49%。62.18%的企业高管认识市级以上政府官员，并且31.93%的企业高管与政府官员有一定的交往；61.34%的企业高管认识市级以上的两会代表，并且29.41%的企业高管与两会代表有一定的交往；82.35%的企业高管认识支行行长以上银行行长，并且50.42%的企业高管与支行行长以上银行行长有一定的交往；76.48%的企业高管认识行业领先企业的董事长或CEO，并且51.27%的企业高管与行业领先企业的董事长或CEO有一定的交往；83.20%的企业高管认识科研院所研究人员或高校教授，并且60.51%的企业高管与科研院所研究人员或高校教授有一定的交往；92.44%的企业高管认识政府职能部门公务员，并且61.35%的企业高管与政府职能部门公务员有一定的交往。

进一步分析样本中企业董事长与总经理的社会资本情况，结果如表3-5所示。样本中企业董事长和总经理担任各级人大代表或政协委员的比例为14.55%，获得各级政府的荣誉称号或表彰嘉奖的比例为14.55%，担任商业协会领导职务的比例为32.73%。各项指标均高于样本的平均水平，尤其是担任商业协会领导职务的比例几乎达到平均水平的2倍。

表 3-5　问卷调查样本中董事长与总经理的企业家社会资本情况描述性统计分析结果

调查变量	类别	董事长			总经理			董事长与总经理		
		频数	百分比（%）	累计百分比（%）	频数	百分比（%）	累计百分比（%）	频数	百分比（%）	累计百分比（%）
担任人大代表或政协委员	国家级	0	0.00	0.00	1	3.13	3.13	1	1.82	1.82
	省级	0	0.00	0.00	0	0.00	3.13	0	0.00	1.82
	市级	2	8.70	8.70	3	9.38	12.50	5	9.09	10.91
	区县级	2	8.70	17.39	0	0.00	12.50	2	3.64	14.55
	无	19	82.61	100.00	28	87.50	100.00	47	85.45	100.00
获得各级政府的荣誉称号或表彰嘉奖	国家级	0	0.00	0.00	1	3.13	3.13	1	1.82	1.82
	省级	2	8.70	8.70	0	0.00	3.13	2	3.64	5.45
	市级	2	8.70	17.39	1	3.13	6.25	3	5.45	10.91
	区县级	0	0.00	17.39	2	6.25	12.50	2	3.64	14.55
	无	19	82.61	100.00	28	87.50	100.00	47	85.45	100.00
担任商业协会领导职务	理事长	0	0.00	0.00	1	3.13	3.13	1	1.82	1.82
	副理事长	0	0.00	0.00	2	6.25	9.38	2	3.64	5.45
	会长	3	13.04	13.04	1	3.13	12.50	4	7.27	12.73
	副会长	6	26.09	39.13	5	15.63	28.13	11	20.00	32.73
	无	14	60.87	100.00	23	71.88	100.00	37	67.27	100.00

总体而言，样本企业高管具有通过人大或政协参与相关政治经济活动的积极性，并积累了相关的社会资本，但是参与度并不高，参与的层次以市级为主。样本企业高管与政府职能部门公务员、科研院所研究人员或高校教授、支行行长以上银行行长、行业领先企业的董事长或 CEO 普遍具有较为广泛的交往。并且，企业董事长与总经理的社会资本明显高于其他高管，其中董事长的社会资本又明显高于总经理。

3.2.4 企业多元化情况描述性统计分析

对收集到的 119 个有效样本的企业多元化数据进行描述性统计分析，结果如表 3-6 所示。样本企业从事多元化经营的行业数量以 2 个为主，占比达到 45.38%；其次是 5 个或 5 个以上，占比为 26.89%；然后是 3 个，占比为 21.01%。样本企业的多元化经营类型以相关多元化为主，占比达到 75.63%。

根据样本企业多元化情况的描述统计分析可知，样本企业以适度相关多元化经营为主。

表 3-6 问卷调查样本企业多元化情况描述性统计分析结果

调查变量	类别	频数	百分比（%）	累计百分比（%）
经营行业数量	2 个	54	45.38	45.38
	3 个	25	21.01	66.39
	4 个	8	6.72	73.11
	5 个或 5 个以上	32	26.89	100.00
多元化类型	相关多元化	90	75.63	75.63
	非相关多元化	29	24.37	100.00

3.3 调查数据探索性分析

为了全面深入了解不同属性企业家社会资本的差异、企业家对社会资本作用的认知、企业多元化经营的动因，以及企业家社会资本与多元化经营和经营风险之间的关系，本书通过多个角度对样本数据进行探索性分析。

3.3.1 不同层次企业家社会资本分析

为了深入了解不同身份企业家社会资本的差异，本节进一步分析样本中企业董事长、总经理、其他高管与相关人员的交往情况。

根据相关数据可知，无论从广度还是深度来看，样本中董事长与相关人员的交往明显高于总经理和其他高管。样本中董事长认识支行行长以上银行行长、科研院所研究人员或高校教授、政府职能部门公务员的比例均在95%以上，认识其他人员的比例也均高于80%，并且与相关人员有深入交往的比例均在50%以上，详见表3-7、图3-2、图3-3。

表3-7 问卷调查样本中董事长、总经理与相关人员的交往情况比较

人员	董事长		总经理		其他高管	
	认识（%）	深交（%）	认识（%）	深交（%）	认识（%）	深交（%）
市级以上政府官员	82.61	56.52	75.00	37.50	48.44	20.31
市级以上两会代表	82.61	60.87	71.88	18.75	48.44	23.44
支行行长以上银行行长	100.00	65.22	87.50	50.00	73.44	45.31
行业领先企业的董事长或CEO	86.96	69.57	93.75	65.63	64.06	37.50
科研院所研究人员或高校教授	95.65	91.30	84.38	65.63	78.13	46.88
政府职能部门公务员	95.65	82.61	90.63	50.00	92.19	59.38

为了更好地反映企业董事长、总经理和其他高管社会资本的差异，对相关指标赋值进一步量化分析。将不认识相关人员赋值为0、仅仅认识赋值为1、有点交往赋值为2、很熟悉赋值为3，然后对样本数据加权平均求得与相关人员的交往深度，结果如表3-8所示。

根据计算结果，样本中董事长与相关人员交往深度的排序为科研院所研究人员或高校教授、政府职能部门公务员、支行行长以上银行行长、行业领先企业的董事长或CEO、市级以上政府官员、市级以上两会代表。样本中董事长与科研院所研究人员或高校教授的交往深度得分均值达到2.09，这一方面是由于样本中董事长接受高等教育的比例较高，与高校教

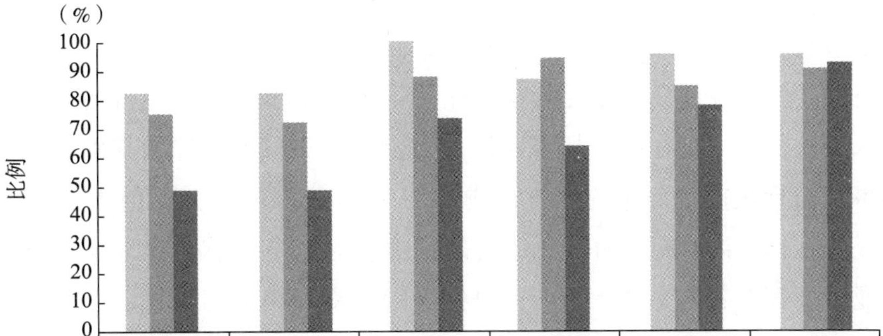

	市级以上政府官员	市级以上两会代表	支行行长以上银行行长	行业领先企业的董事长或CEO	科研院所研究人员或高校教授	政府职能部门公务员
董事长	82.61	82.61	100.00	86.96	95.65	95.65
总经理	75.00	71.88	87.50	93.75	84.38	90.63
其他高管	48.44	48.44	73.44	64.06	78.13	92.19

图 3-2　样本中董事长、总经理、其他高管认识相关人员的情况比较

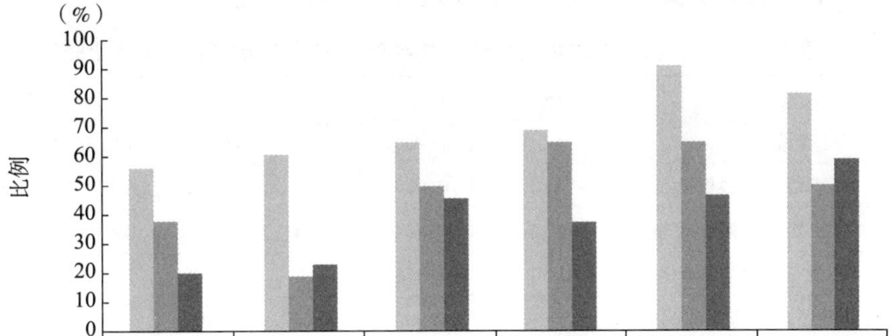

	市级以上政府官员	市级以上两会代表	支行行长以上银行行长	行业领先企业的董事长或CEO	科研院所研究人员或高校教授	政府职能部门公务员
董事长	56.52	60.87	65.22	69.57	91.30	82.61
总经理	37.50	18.75	50.00	65.63	65.63	50.00
其他高管	20.31	23.44	45.31	37.50	46.88	59.38

图 3-3　样本中董事长、总经理、其他高管与相关人员深入交往情况比较

授具有天然的联系；另一方面，科研院所和高校是企业获取先进技术和相关知识的重要渠道，作为企业领头羊的董事长与相关人员具有深入交往是必然的。样本中董事长与政府职能部门公务员的交往深度得分均值达到

2.00，表明当前政府相关职能部门对企业发展仍然具有重要的影响。样本中董事长与支行行长以上银行行长的交往深度得分均值为1.78，表明金融支持对于企业发展具有举足轻重的作用，企业董事长与金融机构负责人的深入交往能在一定程度上加强互信，为企业融资打下良好的基础。样本中董事长与行业领先企业的董事长或CEO的交往深度得分均值为1.78，领先企业在行业内具有标杆作用，可以推断企业董事长有意识地加强与领先企业主要管理者的交往，从而获得先进的经验和相关的信息，在竞合中促进企业发展。样本中董事长与市级以上政府官员和两会代表的交往深度得分均值仅为1.57，排序位于末位，看似董事长与这两类人的交往不深入，但是并不意味着这两类关系不重要。出现这一结果的原因有两方面：首先，企业高管与较高级别的政府官员建立深层次关系的难度较大；其次，在当前强力反腐、提倡建立“亲”“清”政商关系的大背景下，政府官员刻意与企业高管保持一定的距离，在调查中企业家也有意回避与政府官员的关系，致使调查结果不能完全客观地反映实际情况。

表3-8　问卷调查样本中董事长、总经理与相关人员的交往深度比较

人员	董事长		总经理		其他高管	
	均值	标准差	均值	标准差	均值	标准差
市级以上政府官员	1.57	0.9703	1.25	0.9682	0.73	0.8882
市级以上两会代表	1.57	0.9244	0.94	0.7474	0.77	0.9142
支行行长以上银行行长	1.78	0.6565	1.53	0.9008	1.27	0.9395
行业领先企业的董事长或CEO	1.78	0.9305	1.78	0.8191	1.08	0.9570
科研院所研究人员或高校教授	2.09	0.6536	1.78	1.0227	1.36	0.9415
政府职能部门公务员	2.00	0.7223	1.63	0.9270	1.73	0.8882

3.3.2　不同所有制企业高管社会资本分析

为了探究不同所有制形式企业高管社会资本的差异，本节进一步分析样本中国有企业、民营企业和外资企业高管的社会资本情况，探索不同所有制企业高管社会资本的差异，相关数据如表3-9、表3-10、图3-4、图3-5所示。

样本中不同所有制企业的高管认识市级以上政府官员的比例从高到低

排序为民营企业、国有企业和外资企业。该结果与正常的认知存在一定偏差。国有企业作为体制内的一分子，其高管接触政府官员具有天然的优势，但是样本中国有企业高管认识市级以上政府官员的比例仅为 48.28%，该结果明显低于预期。民营企业在资源配置方面处于劣势，其高管通过接触政府官员争取资源的积极性较高，样本中民营企业高管认识市级以上政府官员的比例高达 72.50%，并且民营企业高管利用政府社会资本的动机也最强，其与市级以上政府官员有深入交往的比例也位列第一，达到 41.25%，这与预期是相符的。样本中外资企业高管认识市级以上政府官员的比例只有 25.00%，因为外资企业一般是地方招商的对象，在与政府交往中一般处于主动地位，所以外资企业高管与政府官员建立关系的动机不强。

样本中国有企业高管和民营企业高管认识市级以上两会代表的比例大致相当，分别为 62.07%和 67.50%，远高于外资企业高管的 12.50%。从交往的深度来看民营企业居首位，35.00%的民营企业高管与市级以上两会代表有深入交往，这也与现实情况相吻合。一方面，一些具有较强影响力的民营企业的高管本身就是两会代表，另一方面，民营企业也希望通过两会代表将企业所面临的困难以提案的方式带到“两会”以引起政府重视并加以解决。

样本中国有企业高管和民营企业高管认识支行行长以上银行行长的比例分别为 82.76% 和 86.25%，而认识外资企业高管的比例均为 50.00%。从交往的深度来看，55.00%的民营企业高管与支行行长以上银行行长有深入交往，国有企业高管占比为 44.83%，而外资企业高管占比为 37.50%。根据样本数据，企业高管与银行行长的交往比较广泛，凸显企业通过与银行保持良好关系以保障融资渠道畅通的做法较为普遍。但是民营企业高管在与银行行长交往方面的投入较高，这也从某种程度上反映了民营企业融资难的现实状况。

从其他几个指标来看，民营企业家高管与行业领先企业的董事长或 CEO、科研院所研究人员或高校教授的交往远远高于国有企业和外资企业。反映出民营企业通过同行领先企业、科研院所和高校的关系网络获取行业发展信息、先进管理经验以及先进技术的动机较为强烈和积极性较高。其中，民营企业高管与科研院所研究人员或高校教授深入交往的比例达到

68.75%，凸显民营企业特别是中小民营企业限于自身研发、创新的短板，通过科研院所和高校获取先进技术的愿望非常强烈。

此外，无论是国有企业、民营企业还是外资企业均与政府职能部门公务员存在较为广泛和深入的联系。该结果与正常的认知较为一致，不论哪种所有制类型的企业与政府职能部门均存在业务往来，并且与职能部门公务员的工作交往不像政府高级官员那么敏感。

从总体上来看，样本中民营企业高管与相关人员的交往情况以及交往深度均明显强于国有企业和外资企业。根据分析可以推断，民营企业高管通过各种途径积累和利用社会资本的动机最为强烈；国有企业高管具有积累社会资本的天然优势，但是在利用社会资本方面态度相对保守；外资企业对于企业家社会资本的依赖程度相对较低，企业家对待社会资本的态度也比较务实。

表 3-9　问卷调查样本中国有企业与民营企业高管与相关人员的交往情况比较

人员	国有企业高管		民营企业高管		外资企业高管	
	认识（%）	深交（%）	认识（%）	深交（%）	认识（%）	深交（%）
市级以上政府官员	48.28	17.24	72.50	41.25	25.00	0.00
市级以上两会代表	62.07	24.14	67.50	35.00	12.50	0.00
支行行长以上银行行长	82.76	44.83	86.25	55.00	50.00	37.50
行业领先企业的董事长或 CEO	68.97	48.28	85.00	58.75	37.50	0.00
科研院所研究人员或高校教授	82.76	55.17	86.25	68.75	50.00	12.50
政府职能部门公务员	96.55	65.52	91.25	61.25	87.50	62.50

表 3-10　问卷调查样本中国有企业与民营企业高管与相关人员的交往深度比较

人员	国有企业高管		民营企业高管	
	均值	标准差	均值	标准差
市级以上政府官员	0.69	0.8347	1.26	0.9968
市级以上两会代表	0.86	0.7757	1.11	0.9617
支行行长以上银行行长	1.38	0.8872	1.54	0.8795
行业领先企业的董事长或 CEO	1.21	0.9240	1.61	0.9420
科研院所研究人员或高校教授	1.45	0.8544	1.79	0.9578
政府职能部门公务员	1.83	0.7909	1.75	0.9014

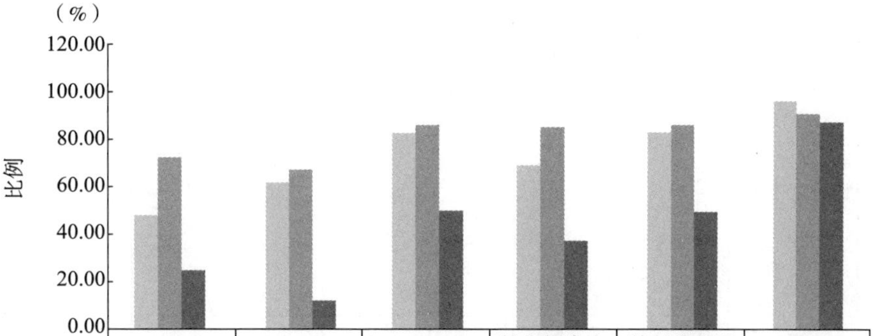

	市级以上政府官员	市级以上两会代表	支行行长以上银行行长	行业领先企业的董事长或CEO	科研院所研究人员或高校教授	政府职能部门公务员
国企	48.28	62.07	82.76	68.97	82.76	96.55
民企	72.50	67.50	86.25	85.00	86.25	91.25
外企	25.00	12.50	50.00	37.50	50.00	87.50

图 3-4　样本中国有企业、民营企业和外资企业高管认识相关人员情况比较

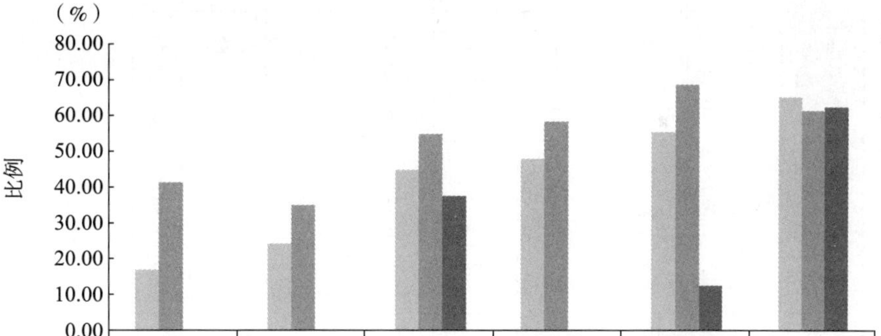

	市级以上政府官员	市级以上两会代表	支行行长以上银行行长	行业领先企业的董事长或CEO	科研院所研究人员或高校教授	政府职能部门公务员
国企	17.24	24.14	44.83	48.28	55.17	65.52
民企	41.25	35.00	55.00	58.75	68.75	61.25
外企	0.00	0.00	37.50	0.00	12.50	62.50

图 3-5　样本中国有企业、民营企业和外资企业高管与相关人员深入交往情况比较

3.3.3　企业家社会资本作用认知分析

为了调查企业高管关于企业家社会资本及其作用的认知，调查问卷设计了 9 个观点，企业家高管根据自己对相关表述的认同程度按照 5 分制量表进行打分。结果如表 3-11、图 3-6 所示。

表 3-11　样本企业高管对企业家社会资本作用的认知情况

观点	完全不同意 1（频数/%）	不同意 2（频数/%）	基本同意 3（频数/%）	同意 4（频数/%）	完全同意 5（频数/%）	平均分
通过关系促进企业发展很正常	4（3.36）	14（11.76）	47（39.5）	32（26.89）	22（18.49）	3.45
企业家的社会关系网络对企业成败具有重要的影响	3（2.52）	10（8.4）	29（24.37）	43（36.13）	34（28.57）	3.8
企业家与政府职能部门相关人员建立良好的关系，企业更容易得到政策支持	2（1.68）	5（4.2）	32（26.89）	38（31.93）	42（35.29）	3.95
企业家与银行等金融机构的主要负责人建立良好的关系，企业能够获得融资便利	3（2.52）	10（8.4）	33（27.73）	39（32.77）	34（28.57）	3.76
企业家社会关系越丰富，越容易及时获得市场信息、技术和经营管理知识等资源，能更好地促进企业发展	2（1.68）	4（3.36）	22（18.49）	39（32.77）	52（43.7）	4.13
企业家与主要供应商建立良好的关系，能够得到其更好的支持	1（0.84）	6（5.04）	21（17.65）	50（42.02）	41（34.45）	4.04
企业家与主要客户建立良好的关系，能够得到其更好的支持	3（2.52）	3（2.52）	20（16.81）	46（38.66）	47（39.5）	4.1
企业家建立社会关系而花费的时间比对内企业管理还要多	5（4.2%）	26（21.85）	40（33.61）	32（26.89）	16（13.45）	3.24
市场化程度越高，企业家社会资本的作用越小	9（7.56）	28（23.53）	39（32.77）	28（23.53）	15（12.61）	3.1

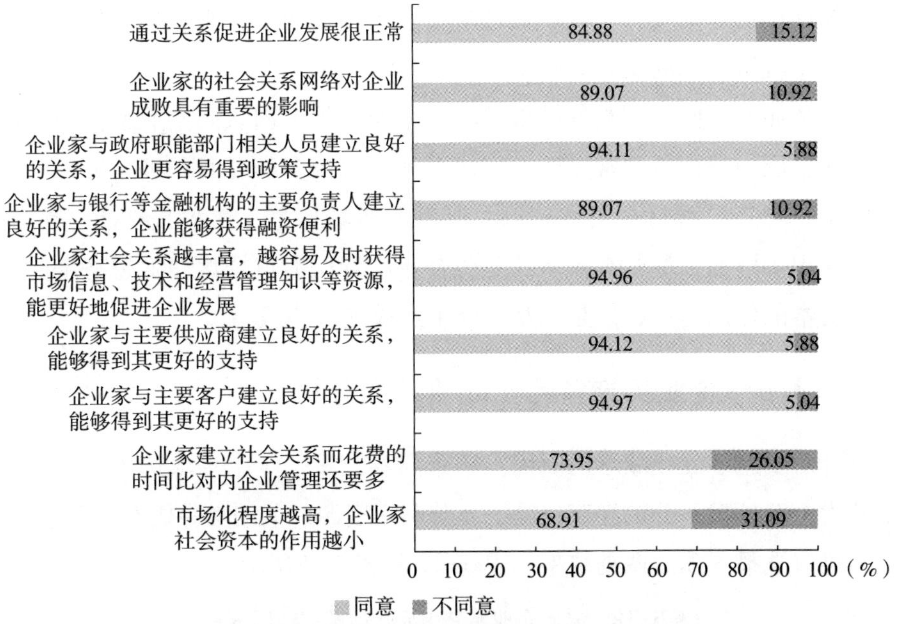

图 3-6　样本企业高管对企业家社会资本作用的认知情况

关于企业家社会资本及其作用的 9 个观点平均得分均大于 3，即总体而言企业高管基本同意相关表述。其中，“企业家社会关系越丰富，越容易及时获得市场信息、技术和经营管理知识等资源，能更好地促进企业发展”的观点认同度最高，平均分达到 4.13，且仅有 5.04%的受访企业高管不同意该观点。“市场化程度越高，企业家社会资本的作用越小”的观点认同度最低，平均分 3.1，尽管 68.91%的受访企业高管认同该观点，但是与其他问题相比认同度相去甚远。由此可见，尽管相关研究认为市场化程度可以在一定程度上弱化企业家社会资本的作用，但是企业家社会资本仍然具有非常重要的作用。针对“通过关系促进企业发展很正常”“企业家的社会关系网络对企业成败具有重要的影响”等观点的认同度情况进一步为此提供了支撑。企业高管也在实践中不断通过各种方式建立社会关系、积累社会资本，73.95%的受访企业高管认同“企业家建立社会关系而花费的时间比对内企业管理还要多”。

分析相关问题的评价，可以发现 94%以上的受访企业高管认同通过与政府职能部门相关人员、主要的供应商和客户建立良好的关系，可以为企业发展提供更好的支持。认同通过与金融机构主要负责人建立良好的关系能够获得融资便利的受访高管也占到了 89.07%。

总体而言，问卷调查的结果反映了企业高管普遍认同企业家社会资本在企业发展中发挥着非常重要的作用，并投入较多的时间积极拓展社会关系网络，积累自身社会资本，以及时获取市场信息、技术、政策、资金、管理知识等资源。尽管有较多的受访企业高管认为市场化程度越高企业家社会资本的作用越小，但是该观点尚未达成绝对共识。

3.3.4 企业实施多元化战略动因分析

针对实施多元化战略的原因，调查问卷设置了 1 个多项选择题，提供了壮大企业规模、分散经营风险、充分利用资源、节约交易成本 4 个选项，最多可以选择 3 项。调查结果如表 3-12 和图 3-7 所示。

表 3-12 样本企业实施多元化战略的动因分析

调查变量	类别	频数	百分比（%）
多元化的原因	壮大企业规模	62	51.24
	分散经营风险	42	34.71
	充分利用资源	86	71.07
	节约交易成本	33	27.27

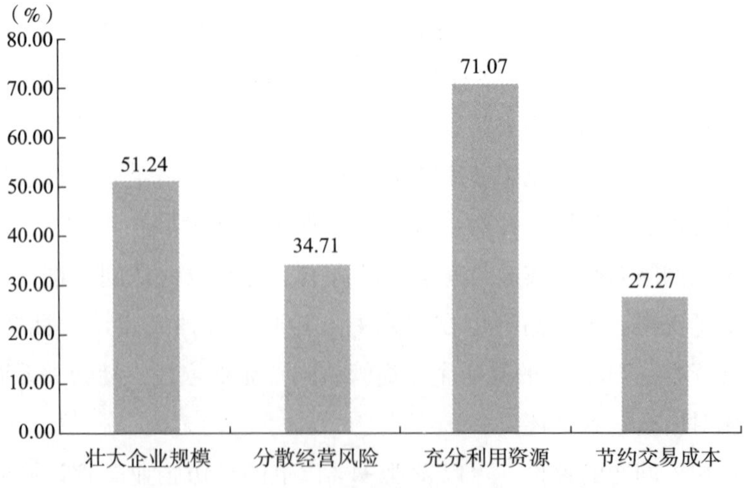

图 3-7 样本企业实施多元化战略的动因分析

根据选项被选择的频数，样本企业实施多元化的原因依次是充分利用资源、壮大企业规模、分散经营风险、节约交易成本，其中共有 86 人选择充分利用资源，占比达到 71.07%。因此，受访企业高管认为实施多元化的主要动因是充分利用资源和壮大企业规模。

3.3.5　企业家社会资本与多元化和经营风险的关系

针对企业家社会资本与多元化战略和经营风险的关系，调查问卷设计了 5 个观点，企业家高管根据自己对相关表述的认同程度按照 5 分制量表进行打分。结果如图 3-8、表 3-13 所示。

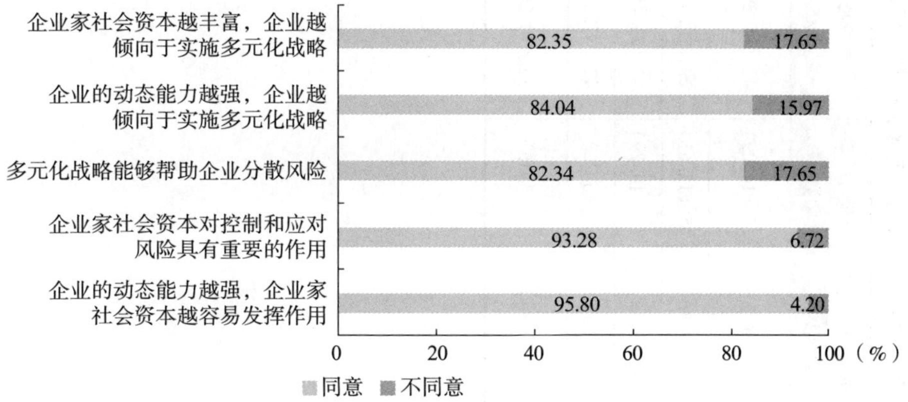

图 3-8　样本企业高管对企业家社会资本与多元化和经营风险关系的认知

关于企业家社会资本与多元化战略和经营风险关系的 5 个观点平均得分均大于 3，即总体而言企业高管基本同意相关表述。其中，80%以上的受访企业高管认同“企业的动态能力越强，企业越倾向于实施多元化战略”“企业家社会资本越丰富，企业越倾向于实施多元化战略”“多元化战略能够帮助企业分散风险”。90%以上的受访企业高管认同“企业的动态能力越强，企业家社会资本越容易发挥作用”“企业家社会资本对控制和应对风险具有重要的作用”。

表 3-13　样本企业高管对企业家社会资本与多元化和经营风险关系的认知

观点	完全不同意 1（频数/%）	不同意 2（频数/%）	基本同意 3（频数/%）	同意 4（频数/%）	完全同意 5（频数/%）	平均分
企业家社会资本越丰富，企业越倾向于实施多元化战略	4（3.3）	17（14.29）	42（35.29）	40（33.61）	16（13.45）	3.39
企业的动态能力越强，企业越倾向于实施多元化战略	4（3.36）	15（12.61）	29（24.37）	56（47.06）	15（12.61）	3.53
多元化战略能够帮助企业分散风险	4（3.36）	17（14.29）	41（34.45）	44（36.97）	13（10.92）	3.38
企业家社会资本对控制和应对风险具有重要的作用	0（0）	8（6.72）	42（35.29）	54（45.38）	15（12.61）	3.64
企业的动态能力越强，企业家社会资本越容易发挥作用	1（0.84）	4（3.36）	36（30.25）	60（50.42）	18（15.13）	3.7

综上所述，问卷调查的结果反映了受访企业高管普遍认同企业家社会资本、企业动态能力在企业经营和风险分散中发挥着重要的作用。简言之，企业家社会资本越丰富和企业动态能力越强，企业越倾向于实施多元化战略；企业家社会资本和多元化战略均对分散和应对企业经营风险具有重要的作用，并且企业的动态能力越强，企业家社会资本就越容易发挥作用。

3.4 信度和效度检验

3.4.1 信度分析和效度检验的方法

3.4.1.1 信度检验方法

信度（Reliability）指的是测量工具的稳定性和可靠性，其结果反映的是在相同条件下通过相同方式对相同对象进行测试的误差程度。为了保证调查结果的可靠性，需要针对调查问卷的结果进行信度分析。信度检验的方法主要有以下 4 种。

（1）克朗巴哈系数（Cronbach's α 系数）。1951 年，伊利诺伊大学教授、著名心理测量学家 Lee J. Cronbach 在库德-理查德森公式 K-R20（适合于 0~1 计分的信度计算公式）的基础上，拓展设计了多重记分项目的信度计算公式，其计算公式如式（3-1）所示：

$$\alpha=\frac{kr}{1+\ (k-1)}\qquad(3-1)$$

其中，k 为量表中项目的数量；r 为各项目之间的相关系数。

一般而言，$\alpha \leq 0.35$，表示信度较低；$0.35<\alpha \leq 0.70$，表示信度中等；$\alpha>0.70$，表示信度较高。

（2）重测信度法。又称再测信度，其结果反映了调查问卷的跨期稳定性。具体操作是相隔一段时间后再用相同的问卷针对相同的调查对象进行调查，对比两次调查数据的相关系数，其数值越高表示调查问卷的稳定性越好。该方法适合检验一些调查年龄、性别、兴趣等答案比较固定的量表。

（3）复本信度法。又称等值性系数，该方法的具体操作是，让相同的调查对象在同一段时间内填写两份调查问卷，两份问卷的内容相同但是表达方式不同，然后对比两次调查数据的相关系数。该方法在实际研究中很少应用。

（4）折半信度法。该方法是将调查问卷中的题项分成两部分，通过测量两者数据的相关系数来衡量题项的一致性。

本书对企业家社会资本量表的信度检验所使用的是较为成熟的 Cronbach's α 系数法，检验结果见 3.4.2 小节。

3.4.1.2 效度检验方法

效度（Validity）指的是调查结果有效性，其结果反映的是通过调查问卷所得到的结果达到预期的程度。效度的类型主要包括内容效度、效标效度和结构效度。

（1）内容效度。它是一种定性的效度，主要反映内容的代表性，即衡量调查问卷量表题项是否涵盖了所要调查的范围。一般通过逻辑分析的方式来确定量表的题项对调查内容的覆盖情况。

（2）效标效度。又称准则效度，通过几种方式度量同一个变量，并选定一种作为准则，然后将剩余的与之对标，通过比较结果判断度量是否具有效标关联效度。通常采用的度量方式包括命中率、显著差异法、相关法。

（3）结构效度。它衡量的是调查问卷的量表对理论上的结构或特质的反映程度，一般通过因素分析法加以验证，具体可以分为探索性因素分析和验证性因素分析。如果检验结果与该维度的理论结构相符，且各题项与所属因素之间的相关系数（因子载荷量）大于 0.5，表明各个题项对该因素的解释力较高，则量表具有较高的效度。

本书采用的量表通过严格的流程设计，既借鉴了相关文献中成熟的量表，又与专家学者和企业家共同进行了讨论修订，因此所采用的量表符合内容效度的要求。

为了更好地保障量表的效度，本书还采用因子载荷检验各个量表的效度，检验结果见下文。

3.4.2　信度与效度检验

为了保证研究结果的可靠性，本书分别对企业家社会资本、企业家社会资本作用、企业家社会资本与多元化战略和经营风险关系 3 个量表的信度和效度进行检验。

3.4.2.1　企业家社会资本的信度与效度检验

运用 SPSS 20.0 对企业家社会资本的量表进行信度和效度检验，检验结果如表 3-14 所示。

根据检验结果，Cronbach's α 值为 0.8246，因此该量表的信度很高。同时，各个题项的因子载荷都大于 0.6，并且均通过了显著性检验，因此该量表具有较高的效度。

表 3-14　企业家社会资本信度与探索性因子分析结果

量表题项	描述性统计		因子载荷	P 值	Cronbach's α 值
	均值	标准差			
A1	1.0336	0.9909	0.8121	0.0000	0.8246
A2	0.9664	0.9291	0.7792		
A3	1.4370	0.9080	0.7084		
A4	1.4034	0.9857	0.8167	0.0000	0.8246
A5	1.6134	0.9665	0.6715		
A6	1.7563	0.8827	0.6740		

3.4.2.2　企业家社会资本作用的信度与效度检验

运用 SPSS 20.0 对企业家社会资本作用的量表进行信度和效度检验，检验结果如表 3-15 所示。根据检验结果，Cronbach's α 值为 0.8260，因此该量表的信度很高。同时，各个题项的因子载荷都大于 0.6，并且均通过了显著性检验，因此该量表具有较高的效度。

表 3-15 企业家社会资本作用的信度与探索性因子分析结果

量表题项	描述性统计		因子载荷	P 值	Cronbach's α 值
	均值	标准差			
B1	3.4538	1.0313	0.6774	0.0000	0.8260
B2	3.7983	1.0299	0.7803		
B3	3.9496	0.9729	0.8157		
B4	3.7647	1.0391	0.7776		
B5	4.1345	0.9471	0.8015		
B6	4.0420	0.8963	0.7597		
B7	4.1008	0.9424	0.6944		
B8	3.2353	1.0712	0.6935		
B9	3.1008	1.1304	0.6473		

3.4.2.3 企业家社会资本与多元化战略和经营风险关系的信度与效度检验

运用 SPSS 20.0 对企业家社会资本与多元化战略和经营风险关系的量表进行信度和效度检验，检验结果如表 3-16 所示。根据检验结果，Cronbach's α 值为 0.8121，因此该量表的信度很高。同时，各个题项的因子载荷都大于 0.7，并且均通过了显著性检验，因此该量表具有较高的效度。

表 3-16 企业家社会资本与多元化战略和经营风险关系的信度与探索性因子分析结果

量表题项	描述性统计		因子载荷	P 值	Cronbach's α 值
	均值	标准差			
C1	3.3950	1.0018	0.7473	0.0000	0.8121
C2	3.5294	0.9814	0.7996		
C3	3.3782	0.9742	0.7195		
C4	3.6387	0.7890	0.8017		
C5	3.7563	0.7808	0.7289		

3.5 分析结果讨论

通过对调查问卷数据的探索性分析，可以得到如下基本结论：

1. 企业董事长的社会资本最丰富

问卷调查了企业董事长、CEO 以及其他高管。调查问卷分析结果显示企业高管积极通过各种方式积累社会资本，73.95%的受访企业高管认同“企业家建立社会关系而花费的时间比对内企业管理还要多”。其中，企业董事长的社会资本最为丰富，明显高于总经理及其他高管。该结果与石军伟和胡立君等（2007）[168]、孙俊华和陈传明（2009）[171]、刘文楷和潘爱玲等（2017）[94]的研究结论一致。董事长积极通过担任各级人大代表和政协委员、商业协会领导等方式参与政治经济活动，构建自己的关系网络，与政府官员、两会代表、银行行长、科研院所研究人员或高校教授、行业领先企业的董事长或 CEO、政府职能部门公务员等各类人员之间普遍具有较为广泛的交往。并且一般情况下董事长作为企业的法人，具有运用社会资本获取市场信息、技术、政策、资金、管理知识等资源推动企业发展的能动性。因此，本书第 4 章和第 5 章开展的实证研究以董事长的社会资本表示企业家社会资本。

2. 企业所有制性质对企业家社会资本具有明显影响

民营企业高管的企业家社会资本明显高于国有企业和外资企业，民营企业高管积累企业家社会资本的积极性更高。该结果与贺远琼和田志龙（2006）[95]、游家兴和邹雨菲（2014）[97]、沈颂东和房建奇（2018）[73]、赵德志和赵曼（2018）[80]等学者的研究结论一致。在制度体系不健全、产权保护不完善的背景下，民营企业家将社会资本作为替代机制以保护自身利益。同时，民营企业的发展与企业家自身利益息息相关，其利用社会资本谋求发展机会、获取资源的动机更强。

3. 企业家社会资本对多元化战略具有正向促进作用

调查问卷分析结果显示，企业家社会资本对于企业发展至关重要，企业家社会资本对企业战略选择具有重要影响。80%以上的受访者认为企业家社会资本越丰富，企业越倾向于实施多元化战略。结合企业高管对实施多元化战略动机的分析结果可以很好地解释该结论。分析结果显示企业高管认为实施多元化的原因依次是充分利用资源、壮大企业规模、分散经营风险、节约交易成本，其中选择充分利用资源的企业高管占比高达71.07%。该结论支持第2章所提出的研究假设H1，即企业家社会资本能够促进企业实施多元化战略。该结论也与陈传明和周小虎（2001）[64]、刘琼和邓亚中（2015）[221]、梁上坤和金叶子等（2015）[225]、叶蓓（2017）[226]等学者的研究结论一致。表明企业家社会资本作为专用性非常强的资源，当累积到一定程度开始出现剩余时，企业就倾向于通过实施多元化战略将其转化为价值。

4. 企业动态能力对于多元化战略具有正向促进作用

调查问卷分析结果显示，企业动态能力对企业多元化战略的选择具有重要影响，90%以上的受访者认为企业的动态能力越强，企业越倾向于实施多元化战略。该结论支持第2章所提出的研究假设H3，即动态能力强的企业更倾向于实施多元化战略。该结论也与Erik和Paul（2008）[106]、Nath等（2010）[107]、赵凤和王铁男等（2012）[108]、胡钢和曹兴（2014）[110]、尹剑峰（2018）[111]等众多学者的研究结论一致。企业动态能力越强，其适应外部环境、获取外部信息、变革组织结构的能力就越强，越容易捕捉到发展机会，并整合资源开展多元化经营。

5. 企业动态能力能够促进企业家社会资本发挥作用

根据第2章的分析，企业动态能力是企业家社会资本和多元化战略的连接器，在两者关系中发挥着中介效应。调查问卷分析结果显示，95%以上的受访者认为企业的动态能力越强，企业家社会资本越容易发挥作用。企业家社会资本能够帮助企业获取各种资源，而动态能力使得企业能够更好地运用这些资源开拓新的业务。企业动态能力在很大程度上决定了企业家社会资本能否有效促进多元化战略的实施。该结论支持第2章所提出的研究假设H4，即企业动态能力在企业家社会资本与多元化战略之间的关系中发挥着中介效应。本书将在第4章通过实证研究进一步验证企业动态能力对企业家社会资本与多元化战略关系的中介效应是否显著。

6. 企业家社会资本有利于分散企业经营风险

问卷调查分析结果显示，企业家社会资本能够分散企业经营风险。

90%以上的受访者认为企业家社会资本对控制和应对风险具有重要的作用，该结论支持第 2 章所提出的研究假设 H5，即企业家社会资本有利于分散企业经营风险。该结论也与张建君和张志学（2005）[122]、张敏和黄继承（2009）[126]、杨东进和邓吉（2013）[100]、滕颖和李颖（2015）[127]等学者的研究结论一致。表明企业家社会资本作为一种特殊资源和能力，在转轨经济的特殊时期的确能够帮助企业分散经营风险，并且企业家对这一点深信不疑。本书将在第 5 章通过实证研究进一步验证企业家社会资本对企业经营风险的影响是否显著。

7. 多元化战略能够分散风险

问卷调查分析结果显示，80%以上的受访者认为多元化战略能够帮助企业分散风险。该结果与姜付秀和刘志彪等（2006）[145]、沈红波（2007）[146]、王福胜等（2013）[148]、闫迪和郑少锋（2018）[150]等学者的研究结论一致。但是该结果不支持第 2 章所提出的研究假设 H6，即实施多元化战略提高了企业经营风险。尽管众多企业的多元化战略以失败而告终，但是在企业经营实践中企业家仍然相信通过多元化战略能够分散经营风险。本书将在第 5 章通过实证研究进一步探索多元化战略与企业经营风险之间的关系。

8. 企业存在过度投资企业家社会资本的倾向

根据调查分析结果，73.95%的受访企业高管同意或者基本同意“企业家建立社会关系而花费的时间比对内企业管理还要多”。该结果表明企业存在过度投资企业家社会资本的倾向。尽管企业家社会资本对于企业经营发展具有重要影响，但是过度投资企业家社会资本，也会对企业造成诸多负面影响。首先，企业家社会资本需要高昂的建立和维护成本。刘文楷和潘爱玲等（2017）[94]、孙俊华和陈传明（2009）[171]等的研究表明，构建和维持企业家社会资本需要持续投入资金和时间，如果超出了企业家所能驾驭的范畴，将对企业的经营造成额外负担。其次，过度依赖企业家社会资本阻碍企业竞争力提升。游家兴和邹雨菲（2014）[97]等认为企业经营如果过度依赖企业家社会资本，而不注重将社会资本转化为竞争力，将导致企业偏离健康的发展路径。最后，企业家社会资本限制了企业的创新。Portes

(1995)[29]认为企业家社会资本所依托的社会关系网络通过一定的规范限定了成员的创新活动，从而制约了企业的创新。

3.6 本章小结

本章针对企业家社会资本、企业动态能力、多元化战略与经营风险的关系进行探索性分析。首先，面向企业高管开展问卷调查，最终获取了119份有效问卷。其次，基于样本数据，对问卷进行同源方差分析，分析企业高管基本信息、企业基本信息、企业家社会资本以及企业多元化经营情况。最后，分别分析了企业家的社会交往深度、企业所有制形式对企业家社会资本的影响、企业家对企业家社会资本的认知、企业实施多元化战略动因、企业家社会资本与多元化战略和经营风险的关系。分析结果显示：企业董事长的社会资本最丰富；企业所有制性质对企业家社会资本具有明显影响；企业家社会资本对多元化战略具有正向促进作用；企业动态能力对于多元化战略具有正向促进作用；企业动态能力能够促进企业家社会资本发挥作用；企业家社会资本能够帮助企业控制和应对风险；多元化战略能够分散风险。相关结果支持了第2章所提出的研究假设H1、H3、H4、H5，但是不支持研究假设H6。第2章的研究为第4章和第5章开展实证研究奠定了基础，相关结论为后续实证研究样本选择、相关变量的测量体系和计量模型构建提供了依据。

第 4 章

动态能力对企业家社会资本与多元化关系的中介效应

根据第 2 章的理论分析，企业家社会资本作为企业重要的资源和能力，已经成为企业竞争优势的重要来源之一，当企业家所掌握的社会资本达到一定程度时就有通过实施多元化战略将其转化为价值的动机。第 3 章针对企业家开展的问卷调查分析结果表明，企业家社会资本和企业动态能力都能促进企业实施多元化战略，并且企业动态能力能够促进企业家社会资本发挥作用，这些结论支持了第 2 章的相关理论分析和研究假设。但是，在企业实际经营中企业家社会资本、动态能力和多元化战略之间的关系还有待于进一步验证。本章基于第 2 章的理论研究和第 3 章的调查研究结论，针对三者的关系开展实证研究，检验相关研究假设。

4.1 研究样本与数据来源

本书以上海和深圳 A 股上市企业为研究对象，选择 2011—2017 年的数据为样本进行实证分析。为了保证研究的客观性和严谨性，按照以下原则对原始数据进行筛选：①剔除金融、保险行业企业数据，金融、保险类企业所适用的会计准则和会计方法与其他行业不同，为了保持数据的可比性，剔除该行业数据；②剔除 2010 年之后上市和指标数据不完整的企业，为保证 2011—2017 年数据的完整性和连续性，剔除该类企业；③剔除研究期间出现 PT 和 ST 等重大事项的企业，此类企业财务状况已出现异常或连续亏损，会影响研究结果；④剔除极端值，比如企业产品结构发生巨大变化、借壳上市等非常规情况导致出现极端值，影响研究结论的客观性和可靠性。经过筛选之后，本书共得到 755 家企业，5078 个观测样本的数据。

通过 Wind 数据库下载企业财务数据，并按照上述原则进行筛选建立企业财务信息数据库，本书的总资产、资产收益率、研发支出占销售比重、高管持股比例、股权集中度、资产负债率、企业年龄、行业、所有制形式等财务数据主要来源于 Wind 数据库。企业家（董事长）社会资本的相关信息以 Wind 数据库企业资料中的董事会与高管信息为基础，结合百度、360 等搜索引擎以及企业网站的信息手工整理。市场化指数来源于国民经济研究所王小鲁等所编制的各省份市场化指数。

4.2 研究变量定义与测度

4.2.1 企业家社会资本

基于 2.1.1 小节关于企业家社会资本的划分维度，本书将从企业家社会地位、社会关系和社会声誉 3 个维度构建企业家社会资本的测度体系。

4.2.1.1 企业家社会地位

企业家社会地位主要衡量企业家在社会关系网络中的纵向关系，主要体现其社会关系网络的紧密性，具体测度分别从企业家的政治身份和经济身份两个方面展开。

企业家政治身份代表着其在政治体系中的地位。国内外研究成果多以政治联系来衡量企业家的政治地位，但是没有统一的度量指标体系。国外学者的研究多采用控股股东（股权占比 10%以上）或高管（董事长、CEO 等）与政府高官或政党的联系作为衡量政治联系的指标（Khwaja and Mian，2005[260]；Boubakri and Cosset et al.，2008[261]）。在实证研究中，通过对虚拟变量赋值 0 或 1 表示是否存在政治联系，有的根据关系密切程度对变量赋予一定的数值（Fisman，2001[262]），还有的以企业对竞选的政治捐献作为代理变量衡量政治联系（Claessens and Feijen et al.，2008[263]；Akey，2015[264]）。国内学者在研究中多采用企业家是否担任各级人大代表或者政协委员作为衡量政治联系的指标，根据其所担任职务的级别对变量进行赋值以反映联系的紧密程度（马晓维、苏忠秦等，2010[265]；邓新明、熊会兵等，2014[266]）。根据我国实际情况，企业家担任人大代表或政协委员的层级在很大程度上反映了其政治身份和政治关系，对其在社会关系网络中的地位和“影响力”具有重要意义（蔡庆丰、田霖等，2017）。[267]

企业家经济身份具体指其在商业协会中的身份。改革开放以来，商业协会在沟通政府与企业关系、协调行业主体利益、开拓市场空间、服务企业发展、规范市场行为等方面发挥了重要作用，已成为多元治理体系的重要组成部分（张良、刘蓉，2015）。[268]在实证研究中，企业家经济地位的测度多通过对虚拟变量赋值 0 或 1 来表示是否担任商业协会相关职务（姜付秀、刘志彪等，2006）[145]，也有研究以企业家担任不同商业协会职务的数量为基础对变量赋值进行测度（邓健、马红玲等，2015）。[269]

针对我国上市公司的实际情况，本书通过企业家担任各级人大代表或政协委员来衡量其政治身份。基于不同级别的政治身份对企业家社会资本的影响存在较大差异，分别对担任国家级、省级、市级、区县级和乡镇级人大代表或政协委员按照从 5 到 1 进行赋值。本书通过担任各级商业协会领导职务来衡量其经济身份，通过赋值 0 或 1 来表示是否担任商业协会领导职务。

4.2.1.2　企业家社会关系

企业家社会关系主要衡量企业家在社会关系网络中的横向关系，主要体现其社会关系网络的多样性，具体包括企业家与政府、同行业企业、供应商、销售商等利益相关者之间的关系。其具体测度主要以企业家在政府部门、其他企业的任职经历作为依据。

企业家在政府部门或其他企业的任职经历不仅为其积累了丰富的管理经验，同时也为其建立了广泛的社会关系，在政府、行业和企业网络中积蓄了大量可以调动的资源。企业家的任职经历在一定程度上可以反映企业家与其他企业的联系，因此国外学者在研究中均较多通过企业家曾任职其他企业高管的数量来度量其社会关系。[270~271]国内学者也多采用该方式，在实证研究中所采用的具体方法略有不同，有的直接通过虚拟变量（赋值 0 或 1）表示是否具有相关社会关系，有的通过对企业家任职的部门或企业设置不同的等级对变量予以赋值，有的直接以企业家曾任职的部门或者企业数量对变量赋值（游家兴、邹雨菲，2014[97]；陈倩倩、尹义华，2014[272]）。此外，也有学者通过调查问卷设计相关指标对企业家社会关系进行测度（尤成德、张建琦等，2016）。[273]

基于相关文献的研究成果，本书认为企业家在政府和其他企业的任职经历对其社会关系网络具有重要影响，能够在很大程度上反映其横向社会关系的广度。鉴于中国高官卸任后直接担任企业高管的例子并不多，多数企业家或企业高管在创办或者加入企业之前在政府相关部门有过任职经历的情况居多，因此直接采用虚拟变量来表示是否具备相关经历。企业家在其他企业担任过高管的情况较为普遍，并且其任职经历多数可以通过网络收集到，其曾经任职企业数量的多少能够反映其社会关系的广度，因此通过企业家曾任职企业的数量进行度量。

4.2.1.3 企业家社会声誉

企业家社会声誉主要衡量企业家在社会关系网络中所建立的信任度。声誉是社会关系网络中的利益相关者对某个个体或组织的总体认知和评价。[274]声誉是社会关系网络成员之间建立信任的基石，企业家的声誉信息会通过社会关系网络传递给其他成员，在企业家动员社会关系网络资源的过程中发挥着重要的信号作用，能够有效降低信息不对称，增强网络成员对企业家的认可，提高企业家动员网络资源的能力（Larry and Houston et al.，2004[15]；孙俊华、陈传明，2009[171]）。社会地位以社会声誉为基础，社会关系网络及内嵌的资源可以通过声誉来动员，因此具有良好声誉的企业家动员能力更强，能够通过社会关系网络获得更多的资源。[30]在实证研究中很多学者以企业家个人所获得的荣誉（五一劳动奖章、劳动模范、先进个人、优秀企业家、三八红旗手等）衡量其社会声誉（孙俊华、陈传明，2009[171]；刘茉、王文忠等，2004[275]）。

本书采用企业家获得的各级荣誉称号和荣誉嘉奖来衡量其社会声誉，基于不同级别荣誉对其声誉的影响存在一定差异，分别对其获得的国家级、省级、市级、区县级和乡镇级荣誉按照从 5 到 1 进行赋值。

4.2.1.4 企业家社会资本的测度

综合上述分析，企业家社会资本具体度量指标及其赋值标准如表 4-1 所示。对各个指标赋值后，将各项指标的分值相加取得企业家社会资本的度量值。根据第 3 章调查问卷分析的结论，企业董事长的社会资本最为丰富，对企业发展战略的影响最大。相关研究也表明，中国上市公司的法人代表一般是董事长，并且其运用自身社会资本推动企业发展的能力和动力均强于其他高管（石军伟、胡立君等，2007[168]；孙俊华、陈传明，2009[171]；刘文楷、潘爱玲等，2017[94]）。从数据获取角度，上市公司董事长社会资本相关指标的数据披露较全面、完整，数据更便于收集。因此，本书以企业董事长的社会资本衡量企业家社会资本。

表 4-1　企业家社会资本度量指标

维度	指标	定义	赋值说明
社会地位	政治身份	人大代表或政协委员	国家级人大代表或政协委员 5 分、省级人大代表或政协委员 4 分、市级人大代表或政协委员 3 分、区县级人大代表或政协委员 2 分、乡镇级人大代表或政协委员 1 分、非人大代表或非政协委员 0 分
	经济身份	在商业协会任领导职务（理事长、副理事长、会长、副会长）	是，赋值 1；否，赋值 0
社会关系	与政府的关系	曾经在政府部门任职	是，赋值 1；否，赋值 0
	与其他企业的关系	曾经在其他企业任职	曾任职过的企业总数
社会声誉	荣誉称号或嘉奖	曾经获得五一劳动奖章、劳动模范、优秀企业家、三八红旗手、先进个人等荣誉称号或嘉奖	国家级荣誉称号或嘉奖 5 分、省级荣誉称号或嘉奖 4 分、市级荣誉称号或嘉奖 3 分、区县级荣誉称号或嘉奖 2 分、乡镇级荣誉称号或嘉奖 1 分

4.2.2　企业动态能力

学者们针对动态能力的构成维度及其测度开展了诸多研究。Teece 和 Pisano（1997）指出动态能力由整合、建构、重构能力 3 个维度构成。[198] Eisenhardt 和 Martin（2000）认为动态能力包括资源整合、资源重构、资源获取与资源释放 4 个维度的能力。[103] Caloghirou 和 Protogerou 等（2004）将动态能力划分为协调能力、学习能力和变革能力 3 个维度。[276] Teece (2007) 将动态能力划分为机会与威胁感知能力、机会获取能力和资源整合重构能力。[277] Wu（2006）用资源整合能力、学习能力、响应环境变化能力来测度企业动态能力。[232] Wang 和 Ahmed（2007）从适应能力、吸收能力和创新能力 3 个层面进行了阐释。[203] 石春生和何培旭等（2011）则从环境洞察能力、组织学习能力、组织柔性能力和变革更新能力 4 个方面对动态能力做了细分。[278] 龚一萍（2011）进一步将企业动态能力划分为环境感知、整合重组、学习吸收、组织柔性和变革创新五大子能力，并设计了指标体系进行度量。[279] 杨鹏鹏等（2015）将企业动态能力分为技术动态能力和市场动态能力两个维度进行测量。[280]

尽管学者们研究的角度不一，对动态能力维度的划分也不尽相同；但是，多数学者对动态能力维度的划分都包含了整合重构和变革创新两个维度的能力。总体而言，整合重构能力和变革创新能力这两个维度在理论和实证研究中均得到了多数学者的认同。

基于 2.2.3 节对企业动态能力理论和本节对企业动态能力构成维度的分析，本章选择通过整合重构能力和变革创新能力两个维度度量动态能力。

整合重构能力是企业将内外部各种分散的资源进行甄别筛选、重构组合、综合运用的能力。由于组织运营情况能够反映组织整合各种要素资源的能力和效果，应选择反映企业组织运营能力的财务指标来衡量整合重构能力。本章采用反映企业资产回报情况和利用效率的总资产报酬率来衡量。

变革创新能力是为了适应外部环境变化，在现有资源基础上通过创新破除企业核心刚性、克服组织惰性和消极管理、实现竞争力跃迁的能力。本章用研发支出占销售收入的比例加以度量，研发支出比例越高表示企业越重视创新，科技创新水平就越高，产品更新就越快，以科技创新推动企业打破刚性约束实现竞争力跃迁。

测算动态能力时，首先，通过极差法对上述两个指标值进行无量纲化处理；其次，采用平均赋权法计算两个指标的加权平均数，以此表示企业动态能力水平。

4.2.3　多元化战略

多元化战略是企业成长扩张的一种形式，具体表现为产品线的扩展（业务或行业多样化）、空间扩张（地域多样化）以及价值链整合（纵向一体化）等。根据当前研究，一般通过多元化程度和多元化类型两种方式来测度企业的多元化战略。其中，多元化程度主要通过企业不同业务的数量及其对营业收入的贡献程度来度量企业多元化；而企业多元化类型关注的则是企业内部不同产品、业务之间的关联程度。学界最初以企业多元化程度来度量多元化战略，许多学者利用企业产品线和产品的数量来度量企业的多元化程度。随着企业生产模式的变迁，度量多元化的指标不再局限于产品、业务的数量，而是综合考虑企业业务数量及不同业务的营收占比。

梳理现有的文献资料，常用的测度企业多元化程度的方法包括：赫芬达尔指数法、行业数目法、专业化率法以及熵值测量法。杨坤和肖淑玉（2011）采用主营业务收入所涉及的行业数目以及收入的赫芬达尔指数度量企业的多元化程度。[281]谢卫红和王田绘等（2013）以企业主营业务收入的行业来源数量度量多元化程度。[282]在实证研究中，赫芬达尔指数的应用较为广泛，以胡成根和李刚（2010）[148]、吴国鼎和张会丽（2015）[156]、卫龙宝和方师乐等（2017）[283]为代表的众多学者在研究中均采用了该方法。

本书借鉴相关研究的做法，分别选用赫芬达尔指数（HHI）和企业涉足行业个数 N 衡量企业的多元化程度。赫芬达尔指数计算公式如式（4-1）所示，其数值越小表明企业多元化程度越高。

$$HHI = \sum_{i=1}^{n} (X_{it}/Y_t) \tag{4-1}$$

其中，X_{it}为企业第 i 个行业在第 t 年实现的经营收入；Y_t 为企业第 t 年所实现的总经营收入。

判断企业所经营业务涉及行业的标准如下：①研究数据取自 Wind 数据库，因此行业的判断以 Wind 所编制的行业二级分类代码作为标准；②选择经营收入占经营总收入比重≥5%的行业，剔除收入比重<5%的行业。

4.2.4 其他变量的定义与测度

1. 高管持股比例

根据委托代理理论，企业所有权与经营权的分离，导致了委托人（股东）与代理人（管理层）之间的利益差异，代理人存在机会主义倾向，有可能会做出牺牲委托人利益而最大化自身利益的行为。管理者会通过实施多元化战略降低自身面临的风险，导致企业产生过度投资问题。Berger 和 Ofek（1995）指出管理者这种自利行为会导致企业多元化价值折价。[284] Jiraporn 和 Kim 等（2006）也发现代理理论能解释多元化折价，即股东权利受到保护越少多元化经营价值折价越多。[285] Chatterjee 和 Harrison 等（2003）基于代理理论研究发现，因企业经营绩效不佳而成为接管目标的过度多元化企业在更换高管后，采取降低多元化程度的专业化战略，能使得企业经营状况好转。[286] 魏锋（2007）认为通过管理者持股可以使得其利益与股东利益趋于一致，在此背景下管理者会慎重选择多元化战略。[287] 黄海波和李树茁（2007）的研究显示我国上市公司高管持股能够有效抑制公司多元化水平。[288] 基于上述文献资料，高管持股是影响企业多元化战略选择的重要变量。因此，本书将高管持股比例设定为控制变量。

2. 股权集中程度

企业股权结构是企业控制权和剩余价值索取权的分配依据，是企业治理机制的基础。股东持股比例大小会形成不同程度的股权制衡力度，大股东就有不同的控制能力、不同的动机来监督和约束管理层，对企业发展战略的选择具有重要影响。Claessens 等（1999）针对东亚国家企业的研究显示，股东对企业控制权的差异越大企业的多元化程度越高，控股股东能利用多元化转移企业资产侵占中小非控股股东的财富。[289] Yin 和 Zhang 等（2017）的研究表明提高股权集中度能有效抑制多元化经营。[290] 根据相关文献的研究结论，企业股权集中度对多元化程度具有重要影响。基于此，本书将股权集中度设定为控制变量，以前十大流通股股东持股比例进行衡量。

3. 企业规模

实施多元化战略是企业扩张规模的重要手段，并且随着规模不断扩大，企业的资源和能力不断积累，为实施多元化战略提供了支撑。基于此，本书将企业规模设定为控制变量，以总资产的自然对数衡量。

4. 企业年龄

企业也会经历创立、成长、成熟、衰退和消亡的生命周期，因此可以用年龄来刻画其生命过程。一般而言，经营时间越长即年龄越大，企业的经营能力、资源储备、影响力就越强，企业就越倾向于实施多元化战略。因此，本书将企业年龄设定为控制变量，以企业成立时间开始计算截至研究样本设定时间的年数进行衡量。

5. 杠杆水平

企业杠杆水平指的是企业的总负债与总资产之间的比值，即资产负债率。相关研究表明资产负债率会影响到多元化战略的效果（旷卫东，2015）。[291]因此，本书将杠杆水平设定为控制变量，以企业的资产负债率进行衡量。

6. 市场化水平

在我国市场化改革过程中，制度变革为企业带来了很多投资机会，使得企业有机会通过多元化获取高额利润。同时，在市场化水平不高的地区企业也更容易在政府干预和引导下实施多元化战略。[108~109]因此，本书将市场化水平设定为控制变量。

7. 虚拟变量

借鉴相关研究成果，本书将年份（YEAR）、行业（INDUSTRY）和所有制形式（OWNERSHIP）设置为虚拟变量。

本章所有变量的设定如表 4-2 所示。

表 4-2　变量定义

变量类型	变量名称	变量符号	变量定义
因变量	多元化战略	*HHI*	赫芬达尔指数，取值介于 0~1，数值越大企业多元化程度越低，数值越小企业多元化程度越高
		N	企业经营所涉及的行业数，越大说明企业多元化程度越高

续表

变量类型	变量名称	变量符号	变量定义
自变量	企业家社会资本	*SC*	企业董事长社会资本
中介变量	动态能力	*DC*	通过资产收益率和研发强度测算的企业动态能力
控制变量	高管持股比例	*MBO*	高管持股数量/总股数
	股权集中度	*OC*	前十大流通股股东持股比例
	企业规模	ln *size*	企业总资产的自然对数
	企业年龄	*AGE*	从企业成立的时间开始计算，截至研究样本设定时间的年数
	杠杆水平	*ALR*	企业资产负债率
	市场化指数	*MI*	各省份市场化指数
虚拟变量	年份	*YEAR*	样本所属的年份数值
	行业	*INDUSTRY*	根据 Wind 的行业分类标准进行分类并编号
	企业所有制形式	*OWNERSHIP*	1 表示国有企业，0 表示其他企业

4.3 社会资本和动态能力影响多元化的研究模型

为了检验企业家社会资本、多元化战略和企业动态能力的关系，在定义相关变量的基础上，根据相关研究假设设计实证研究模型。其中，模型（4-2）是关于企业家社会资本 *SC* 与企业多元化战略 *HHI* 关系的面板数据回归模型，用于检验假设 H1；模型（4-3）是关于企业动态能力 *DC* 与企业多元化战略 *HHI* 关系的面板数据回归模型，用于检验假设 H3；模型（4-4）、模型（4-5）检验企业动态能力 *DC* 对企业家社会资本 *SC* 影响企业多元化战略 *HHI* 的中介效应，用于检验假设 H2 和 H4。

$$HHI_{it}=c\times SC_{it}+\beta_j\times control_{it}+e_{1it} \tag{4-2}$$

$$HHI_{it}=c\times DC_{it}+\beta_j\times control_{it}+e_{2it} \tag{4-3}$$

$$DC_{it}=a\times SC_{it}+\beta_j\times control_{it}+e_{3it} \tag{4-4}$$

$$HHI_{it}=c'\times SC_{it}+b\times DC_{it}+\beta_j\times control_{it}+e_{4it} \tag{4-5}$$

在上述模型中，t 表示年份，i 表示企业，*control* 表示控制变量，j 表示控制变量个数，e_{1it}、e_{2it}、e_{3it}、e_{4it}均表示随机干扰项。

本书按照温忠麟和张雷等（2004）提出的中介效应检验程序对中介效应进行检验，检验程序如图 4-1 所示。[164]

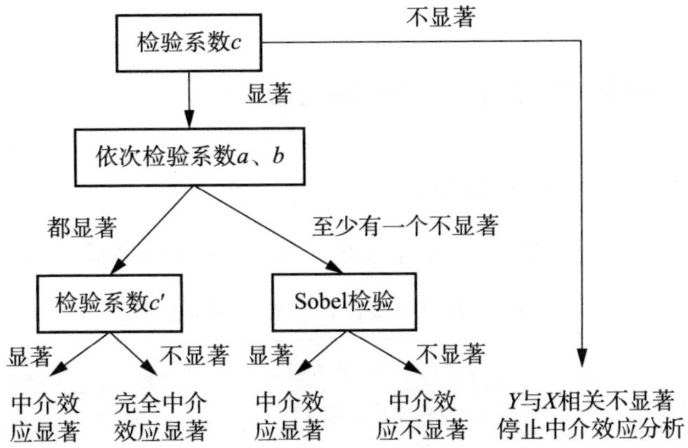

图 4-1 中介效应检验程序[164]

第一步，检验模型（4-2）中的回归系数 c，如果检验结果显著则继续进行检验，否则结束中介效应检验。

第二步，Baron 和 Kenny（1986）部分检验。检验模型（4-4）和模型（4-5）中的回归系数 a 和 b，如果两个系数的检验结果都显著说明自变量对因变量的影响至少是部分经由中介变量实现的，可以接着开展第三步检验。如果有一个系数的检验结果不显著，就不能对中介效应下结论，则转到第四步。[292]

第三步，检验模型（4-5）的回归系数 c'，如果检验结果显著说明是部分中介过程，如果检验结果不显著说明是完全中介过程。

第四步，Sobel 检验。[293] 如果检验结果显著说明企业动态能力的中介效应显著，否则说明动态能力的中介效应不显著。Sobel 检验的统计量和标准误计算公式如式（4-6）和式（4-7）所示。

$$Z=ab/S_{ab} \tag{4-6}$$

$$S_{ab}=\sqrt{b^2s_a^2+a^2s_b^2} \tag{4-7}$$

其中，Z 为 Sobel 检验统计量；S_{ab} 为 Sobel 检验统计量标准误；s_a^2、s_b^2 为系数 a 和 b 标准差的平方。

4.4 社会资本和动态能力影响多元化的实证研究

4.4.1 描述性统计与相关性分析

4.4.1.1 样本的描述性统计

针对样本数据进行描述性统计分析。统计分析结果如表 4-3 所示。

表 4-3 主要变量描述性统计分析结果

变量		均值	标准差	最小值	最大值	观测值
HHI	总体	0.7670	0.2566	0.14	1	N=5078 n=755 T-bar=6.7258
	组间		0.2267	0.1567	1	
	组内		0.1237	0.1327	1.42	
SC	总体	4.9657	2.5794	1	14	N=5078 n=755 T-bar=6.7258
	组间		2.5763	1	14	
	组内		0.2166	-1.0343	9.54	
DC	总体	0.1916	0.0357	0.02	0.48	N=5078 n=755 T-bar=6.7258
	组间		0.0302	0.0783	0.44	
	组内		0.0203	0.0631	0.40	
MBO	总体	11.4190	19.0435	0	77.81	N=5078 n=755 T-bar=6.7258
	组间		16.2194	0	65.68	
	组内		10.0523	-36.9430	61.56	
OC	总体	44.0017	21.5455	0.68	96.14	N=5078 n=755 T-bar=6.7258
	组间		13.7853	9.2175	95.38	
	组内		16.6629	-17.2526	89.56	
ln *size*	总体	22.0505	1.2303	19.08	28.10	N=5078 n=755 T-bar=6.7258
	组间		1.1566	19.2743	27.96	
	组内		0.4213	20.1062	25.20	
AGE	总体	16.6954	4.9821	3	37	N=5078 n=755 T-bar=6.7258
	组间		4.6108	5.50	34.20	
	组内		1.9651	12.5525	20.55	

续表

变量		均值	标准差	最小值	最大值	观测值
ALR	总体	41.5056	19.9985	0.80	97.87	N=5078 n=755 T-bar=6.7258
	组间		18.2979	4.8214	90.23	
	组内		8.2645	3.8170	92.76	
MI	总体	8.1843	1.8206	-0.30	11.11	N=5078 n=755 T-bar=6.7258
	组间		1.6746	0.5428	10.32	
	组内		0.7074	5.5043	11.06	
N	总体	2.0542	1.3518	1	9	N=5078 n=755 T-bar=6.7258
	组间		1.1817	1	7.50	
	组内		0.6804	-2.3744	7.05	

根据表4-3所示的分析结果，多元化程度*HHI*的均值为0.7670，业务数*N*的均值为2.0542，企业经营涉及业务数量最多为9个，总体而言样本上市公司的多元化程度不高。企业家社会资本的均值为4.9657，最小值为1，最大值为14，标准差达2.5794，企业家之间的社会资本差距较大。企业动态能力均值为0.1916，最小值为0.02，最大值为0.48（数据已进行无量纲化处理），标准差为0.0357，企业之间动态能力的差距较大。高管持股的均值为11.4190，最小值为0，最大值为77.81，标准差达到19.0435，企业高管持股比例的偏差很大。股权集中度均值为44.0017，最小值为0.68，最大值为96.14，标准差达到21.5455，企业股权集中度的差距较大。企业规模均值为22.0505，最小值为19.08，最大值为28.10，标准差为1.2303，数据分布相对较为集中。企业年龄均值为16.6954，最小值为3，最大值为37，标准差为4.9821，数据分布较为离散。杠杆水平均值为41.5056，最小值为0.80，最大值为97.87，标准差为19.9985，数据分布较为离散。市场化指数均值为8.1843，最小值为-0.30（西藏2012年市场化指数），最大值为11.11，标准差为1.8206，数据分布相对集中。

4.4.1.2 变量相关性分析

在进一步研究相关变量的关系之前，需要分析各变量之间的相关性。本书对主要的变量进行Pearson相关分析，结果如表4-4所示。

表 4-4　主要变量的 Pearson 相关系数

	HHI	*SC*	*DC*	*MBO*	*OC*	ln *size*	*AGE*	*ALR*	*MI*	*N*
HHI	1. 0000									
SC	-0. 0872***	1. 0000								
DC	-0. 0574***	0. 2016***	1. 0000							
MBO	0. 0468***	0. 0946***	0. 2117***	1. 0000						
OC	-0. 0719***	-0. 0408***	-0. 1016***	-0. 4627***	1. 0000					
ln *size*	-0. 0799***	0. 0840***	-0. 0361***	-0. 3432***	0. 3948***	1. 0000				
AGE	-0. 0874***	0. 0429***	-0. 1091***	-0. 2687***	0. 2343***	0. 1856***	1. 0000			
ALR	-0. 0583***	-0. 0407***	-0. 2925***	-0. 3376***	0. 2313***	0. 5585***	0. 1845***	1. 0000		
MI	0. 0375***	0. 0294**	0. 0913***	0. 0856***	0. 1251***	-0. 0342***	0. 1308***	-0. 1550***	1. 0000	
N	-0. 8222***	0. 0861***	0. 0870***	-0. 0241*	-0. 0086	0. 1055***	0. 0443***	0. 0763***	-0. 0036	1. 0000

注：***表示在1%的水平（双侧）下显著相关，**表示在5%的水平（双侧）下显著相关，*表示在10%的水平（双侧）下显著相关。

根据表4-4所示的变量相关性分析结果，企业家社会资本 *SC* 与企业多元化程度 *HHI* 在1%的显著性水平下呈现显著的负相关关系。企业动态能力 *DC* 与企业家社会资本 *SC* 在1%的显著性水平下呈现显著的正相关关系。企业动态能力 *DC* 与企业多元化程度 *HHI* 在1%的显著性水平下呈现显著的负相关关系。因此，变量相关性分析的结果支持第2章所提出的假设H1（企业家社会资本能够促进企业实施多元化战略）、H2（企业家社会资本有利于提升企业动态能力）和H3（动态能力强的企业更倾向于实施多元化战略）。

企业多元化程度 *HHI* 与控制变量也存在显著相关关系，与管理层持股 *MBO* 在1%的显著性水平下呈显著的正相关关系；与企业股权集中度 *OC* 在1%的显著性水平下呈显著的负相关关系；与企业规模 ln *size* 在1%的显著性水平下呈显著的负相关关系；与企业年龄 *AGE* 在1%的显著性水平下呈显著的负相关关系；与企业杠杆水平 *ALR* 在1%的显著性水平下呈显著的负相关关系；与区域市场化水平 *MI* 在1%的显著性水平下呈显著的负相关关系。

企业多元化战略的替代指标 *N* 与企业家社会资本、动态能力、企业规模、企业年龄、杠杆水平均在1%的显著性水平下呈显著的正相关关系，与高管持股比例在1%的显著性水平下呈显著的负相关关系，与股权集中度、市场化指数的关系不显著。

4.4.2 模型的选择与检验

4.4.2.1 变量多重共线性检验

多重共线性的检验选择方差膨胀因子法（Variance Inflation Factor，VIF）。方差膨胀因子是存在多重共线性时的方差与不存在多重共线性时的方差之比。如果VIF的值越大，说明共线性越严重；反之，如果VIF的值越小，则说明共线性越小。

判断标准是，当0<VIF<10时，认为不存在多重共线性；当10≤VIF<100时，认为存在较强的多重共线性；当VIF≥100时，认为存在较为严重的多重共线性。4个模型变量的检验结果如表4-5所示。根据检验结果，4

个模型变量的方差膨胀因子均值都小于5，因此变量不存在明显的多重共线性。

表4-5 变量多重共线性检验

变量	VIF	1/VIF	VIF	1/VIF	VIF	1/VIF	VIF	1/VIF
	模型（4-2）		模型（4-3）		模型（4-4）		模型（4-5）	
SC	1.04	0.9627	—	—	1.04	0.9627	1.07	0.9354
DC	—	—	1.16	0.8630	—	—	1.19	0.8385
MBO	1.45	0.6875	1.46	0.6840	1.45	0.6875	1.47	0.6797
OC	1.45	0.6884	1.45	0.6889	1.45	0.6884	1.45	0.6877
ln *size*	1.68	0.5957	1.70	0.5870	1.68	0.5957	1.73	0.5786
AGE	1.14	0.8778	1.14	0.8798	1.14	0.8778	1.14	0.8747
ALR	1.57	0.6375	1.70	0.5883	1.57	0.6375	1.70	0.5875
MI	1.10	0.9121	1.10	0.9102	1.10	0.9121	1.10	0.9102
VIF均值	1.35		1.39		1.35		1.36	

4.4.2.2 个体效应检验

根据个体效应检验的结果，可以判断需要建立混合效应模型还是个体固定效应模型。具体依据F值的检验来进行判断。

原假设H_0：不同个体的模型截距项相同（建立混合效应估计模型）。

备择假设H_1：不同个体的模型截距项不同（建立个体固定效应模型）。

*F*统计量定义为：

$$F=[(SSE_r-SSE_u)/(T+k-2)]/[SSE_u/(NT-T-k)] \quad (4-8)$$

其中，SSE_r、SSE_u分别表示混合效应模型和个体固定效应模型的残差平方和。个体固定效应模型比混合效应模型多了（$T-1$）个被估计参数。当模型中包含k个解释变量时，*F*统计量的分母自由度是（$NT-T-k$）。

检验的准则是$F>F_\alpha(T-1, NT-T-K)$，当$\alpha=0.01$、0.05或者0.1时，拒绝原假设，建立个体固定效应模型；否则，就应该接受原假设，建立混合效应模型。

4.3节4个模型的检验结果如下：

模型（4-2）的 F 统计量为 $F(754, 4316) = 19.49$，$Prob>F=0.000$；

模型（4-3）的 F 统计量为 $F(754, 4316) = 19.52$，$Prob>F=0.000$；

模型（4-4）的 F 统计量为 $F(754, 4316) = 10.58$，$Prob>F=0.000$；

模型（4-5）的 F 统计量为 $F(754, 4316) = 19.44$，$Prob>F=0.000$。

根据检验结果，4 个模型的固定效应均显著，表明个体固定效应模型优于混合效应模型。

4.4.2.3　时间效应检验

根据时间效应检验的结果，可以判断需要建立混合效应模型还是随机效应模型。具体采用拉格朗日乘数（*LM*）检验。

$$LM = \frac{nT}{2(T-1)}\left[\frac{\sum_{i=1}^{n}\left[\sum_{i=1}^{T}\widehat{\widehat{v_{it}}}\right]^2}{\sum\sum_{i=1}^{T}\widehat{\widehat{v_{it}}}} - 1\right]^2 \quad \widehat{\widehat{v_{it}}} = y_u - x_u{}'\hat{\beta}_{POLS} \tag{4-9}$$

如果原假设成立，*LM* 统计量服从自由度为 1 的卡方分布。

4.3 节 4 个模型的检验结果如下：

模型（4-2）的卡方统计量为 chi2（1）= 7743.04，*Prob*>chi2=0.000；

模型（4-3）的卡方统计量为 chi2（1）= 7771.75，*Prob*>chi2=0.000；

模型（4-4）的卡方统计量为 chi2（1）= 4358.14，*Prob*>chi2=0.000；

模型（4-5）的卡方统计量为 chi2（1）= 7733.37，*Prob*>chi2=0.000。

根据检验结果，4 个模型的随机效应均显著，表明随机效应模型优于混合效应模型。

4.4.2.4　检验固定效应和随机效应

根据该检验的结果可以判断需要建立固定效应模型还是随机效应模型。具体采用 Hausman 检验。Hausman 检验需要构建的统计量为：

$$H=(b-B)'\ [\mathrm{Var}(b)\ -\mathrm{Var}(B)]-1/(b-B) \tag{4-10}$$

其基本原理是通过检验固定效应的个体效应 u_i 与其他解释变量数是否相关，进而判断选择固定效应还是随机效应。在 u_i 与其他解释变量数不相关的原假设下，用 OLS 估计的固定效应模型与用 GLS 估计的随机效应模型得到的参数是无偏一致的，只是前者不具有效性。如果原假设不成立，那么固定效应模型的参数估计是一致的。因此，在原假设下，两者的参数估计应该不会有显著的差异，故根据两者参数估计的差异构建统计检验量。

假设固定效应模型的 OLS 估计和随机效应模型的 GLS 估计的估计量分别是 b 和 $\hat{\beta}$，那么：

$$\mathrm{Var}(b-\hat{\beta})=\mathrm{Var}(b)+\mathrm{Var}(\hat{\beta})-\mathrm{Cov}(b-\hat{\beta})-\mathrm{Cov}(b-\hat{\beta})' \tag{4-11}$$

有效估计量及其与非有效估计量之间的协方差应当为零，即

$$\mathrm{Cov}[(b-\hat{\beta}),\ \hat{\beta}]=\mathrm{Cov}(b,\ \hat{\beta})-\mathrm{Var}(\hat{\beta})=0 \tag{4-12}$$

由此可以得到式（4-13）和式（4-14）：

$$\mathrm{Cov}(b,\ \hat{\beta})=\mathrm{Var}(\hat{\beta}) \tag{4-13}$$

$$\mathrm{Var}(b-\hat{\beta})=\mathrm{Var}(b)+\mathrm{Var}(\hat{\beta})=\varphi \tag{4-14}$$

进而构建如式（4-15）所示的 Wald 统计量：

$$W=[b-\hat{\beta}]'^{\hat{\varphi}-1}[b-\hat{\beta}]\sim X^2(K-1) \tag{4-15}$$

其中，$\hat{\varphi}$ 用固定效应模型和随机效应模型的协方差矩阵计算。

4.3 节 4 个模型的检验结果如下：

模型（4-2）的卡方统计量为 chi2（7）= 30.43，*Prob*>chi2 = 0.0001；

模型（4-3）的卡方统计量为 chi2（7）= 19.18，*Prob*>chi2 = 0.0076；

模型（4-4）的卡方统计量为 chi2（7）= 116.59，*Prob*>chi2 = 0.0000；

模型（4-5）的卡方统计量为 chi2（8）= 31.51，*Prob*>chi2 = 0.0001。

根据检验结果，模型（4-2）、模型（4-4）、模型（4-5）的 Hausman 检验均拒绝原假设，因此选择固定效应模型。

4.4.2.5 固定效应模型序列相关检验

采用 Wooldridge 检验法对固定效应模型组内序列相关进行检验。Wooldridge（2002）给出了一个对组内自相关的沃尔德检验。原假设为不存在组内自相关，即

$$H_0: \mathrm{Cov}(\varepsilon_{it},\ \varepsilon_{is})=0\ (t\neq s,\ \forall i) \tag{4-16}$$

对给定的个体 i 进行一阶差分，得到

$$\Delta y_{it}=\Delta x'_{it}\beta+\Delta\varepsilon_{it} \tag{4-17}$$

在 $\{\varepsilon_{it}\}$ 不存在组内自相关的原假设下，上述方程扰动项 $\Delta\varepsilon_{it}$ 的方差与

自协方差分别如式（4-18）和式（4-19）所示：

$$\mathrm{Var}(\Delta\varepsilon_{it})=\mathrm{Var}(\varepsilon_{it}-\varepsilon_{i,t-1})=\mathrm{Var}(\varepsilon_{it})+\mathrm{Var}(\varepsilon_{i,t-1})=2\sigma_\varepsilon^2 \tag{4-18}$$

$$\begin{aligned}\mathrm{Cov}(\Delta\varepsilon_{it},\ \Delta\varepsilon_{i,t-1})&=\mathrm{Cov}(\varepsilon_{it}-\varepsilon_{i,t-1},\ \varepsilon_{i,t-1}-\varepsilon_{i,t-2})\\&=-\mathrm{Cov}(\varepsilon_{i,t-1},\ \varepsilon_{i,t-1})\\&=-\mathrm{Var}(\varepsilon_{i,t-1})\\&=-\mathrm{Var}(\varepsilon_{i,t-1})\\&=-\sigma_\varepsilon^2\end{aligned} \tag{4-19}$$

故自相关系数为

$$\mathrm{Corr}(\Delta\varepsilon_{it},\ \Delta\varepsilon_{i,t-1})=\frac{\mathrm{Cov}(\Delta\varepsilon_{it},\ \Delta\varepsilon_{i,t-1})}{\mathrm{Var}(\Delta\varepsilon_{it})}=\frac{-\sigma_\varepsilon^2}{2\sigma_\varepsilon^2}=-0.5 \tag{4-20}$$

设 $\Delta\varepsilon_{it}$的样本值为 e_{it}，进行一阶自回归。

$$e_{it}=\rho e_{it-1}+error_{it},\ t=3,\ 4,\ \cdots,\ T;\ i=1,\ 2,\ \cdots,\ N \tag{4-21}$$

然后，对如下原假设进行沃尔德检验（t 或 F 检验）：

$$H_0:\ \rho=-0.5 \tag{4-22}$$

4.3 节 4 个模型的检验结果如下：

模型（4-2）的 F 统计量 F（1，750）= 80.784，$Prob>F$=0.000；

模型（4-3）的 F 统计量 F（1，750）= 79.699，$Prob>F$=0.000；

模型（4-4）的 F 统计量 F（1，750）= 40.687，$Prob>F$=0.0000；

模型（4-5）的 F 统计量 F（1，750）= 79.472，$Prob>F$=0.000。

通过上述检验结果可知，4 个模型均拒绝不存在序列相关的原假设，说明存在一阶自相关。

4.4.2.6　固定效应模型异方差检验

采用修正的伍德检验对固定效应模型进行异方差检验。

考虑原假设“不同个体的扰动项方差均值相等”，即

$$H_0:\ {\sigma^2}_i=\sigma^2\ (i=1,\ \cdots,\ n) \tag{4-23}$$

在原假设成立的前提下，可得到

$$\frac{\hat{\sigma}_i^2-\sigma^2}{\sqrt{\mathrm{Var}\ (\hat{\sigma}_i^2)}}\xrightarrow{d}N\ (0,\ 1) \tag{4-24}$$

其中，$\hat{\sigma}_i^2 = \sum_{t=1}^{T} e_{it}^2 / T$ 为σ^2 的一致估计量，e_{it} 为 ε_{it} 的残差。

将上式平方可得到

$$\frac{(\hat{\sigma}_i^2-\sigma^2)^2}{\mathrm{Var}(\hat{\sigma}_i^2)} \xrightarrow{d} X^2(1) \tag{4-25}$$

此外，Var（$\hat{\sigma}_i^2$）的一致估计量为

$$\widehat{Var(\hat{\sigma}_i^2)} = \frac{1}{T}\frac{1}{T-1}\sum_{t=1}^{T}(e^2_{it} - \hat{\sigma}_i^2)^2 \tag{4-26}$$

进一步假设每位个体的扰动项相互独立，可得到沃尔德统计量：

$$W = \sum_{t=1}^{T} \frac{(\sigma_i^2 - \sigma^2)}{\mathrm{Var}(\hat{\sigma}_i^2)} \xrightarrow{d} X^2(n) \tag{4-27}$$

4.3 节 4 个模型的检验结果如下：

模型（4-2）的卡方统计量为 chi2（755）= 4.5e+8，*Prob*>chi2=0.000；

模型（4-3）的卡方统计量为 chi2（755）= 2.0e+8，*Prob*>chi2=0.000；

模型（4-4）的卡方统计量为 chi2（755）= 8.9e+5，*Prob*>chi2=0.000；

模型（4-5）的卡方统计量为 chi2（755）= 1.3e+8，*Prob*>chi2=0.000。

根据检验结果，4 个模型均拒绝同方差的原假设，即存在异方差。

由于存在序列相关和异方差，采用广义最小二乘法对模型进行修正。

4.4.3 回归结果分析

运用广义最小二乘法进行回归，模型（4-2）、模型（4-3）、模型（4-4）和模型（4-5）的回归结果如表 4-6 所示。

4.4.3.1 企业家社会资本与多元化战略的关系

根据表 4-6 中模型（4-2）的回归结果，企业家社会资本 *SC* 与企业多元化程度 *HHI* 的回归系数为负，并且在 1%的显著性水平下通过了检验，表明企业家社会资本对企业实施多元化战略具有显著的正向影响。因此，假设 H1 成立，即企业家社会资本能够促进企业实施多元化战略。

根据表 4-6 中控制变量的回归结果，高管持股比例 *MBO* 的回归系数为正，但未通过显著性检验。股权集中度 *OC* 的回归系数为负，并且在

10%的显著性水平下通过了检验，表明股权越集中企业越倾向于实施多元化战略，即股权集中度对多元化战略具有显著的正向影响。企业规模ln *size*的回归系数为负，并且在5%的显著性水平下通过了检验，表明企业规模越大越倾向于实施多元化战略，即企业规模对多元化战略具有显著的正向影响。企业年龄（从成立到统计日期的时间）*AGE* 的回归系数为负，并且在5%的显著性水平下通过了检验，表明企业经营时间越长越倾向于实施多元化战略，即两者之间存在显著的正向关系。企业杠杆水平 *ALR* 的回归系数为负，但是未通过显著性检验。市场化程度 *MI* 的回归系数为负，但是未通过显著性检验。虚拟变量均通过显著性检验。其中，企业所有制形式 *OWNERSHIP* 的回归系数为正，并且在5%的显著性水平下通过了检验，表明企业所有制形式对多元化战略有显著影响，民营企业的多元化程度高于国有企业。

表 4-6 回归结果

自变量	模型（4-2）	模型（4-3）	模型（4-4）	模型（4-5）
	因变量 *HHI*	因变量 *HHI*	因变量 *DC*	因变量 *HHI*
SC	-0.0087*** (0.0014)	—	0.0019*** (0.0002)	-0.0077*** (0.0014)
DC	—	-0.6141*** (0.1092)	—	-0.5283*** (0.1100)
MBO	0.0001 (0.0002)	0.0001 (0.0002)	0.0002*** (0.00002)	-0.0002 (0.0002)
OC	-0.0004* (0.0002)	-0.0003 (0.0002)	0.0001*** (0.00002)	-0.0004* (0.0002)
ln *size*	-0.0077** (0.0039)	-0.0072* (0.0039)	0.0075*** (0.0005)	-0.0037 (0.0040)
AGE	-0.0017** (0.0008)	-0.0021*** (0.0008)	-0.00002 (0.0001)	-0.0017** (0.0081)
ALR	-0.0002 (0.0002)	-0.0005** (0.0002)	-0.0006*** (0.00002)	-0.0006*** (0.0002)
MI	-0.0017 (0.0022)	0.0080 (0.0022)	0.0009*** (0.0003)	-0.0012** (0.0022)

续表

自变量	模型（4-2）	模型（4-3）	模型（4-4）	模型（4-5）
	因变量 *HHI*	因变量 *HHI*	因变量 *DC*	因变量 *HHI*
OWNERSHIP	0.0175* (0.0092)	0.0229** (0.0091)	−0.0077*** (0.0012)	−0.0135** (0.0092)
YEAR	YES	YES	YES	YES
INDUSTRY	YES	YES	YES	YES
Cons	0.8407*** (0.0678)	0.973*** (0.0847)	0.0203*** (0.0109)	0.8514*** (0.0851)
Wald 卡方	355.18***	349.06***	1400.51***	379.84***

注：***表示1%的显著性水平，**表示5%的显著性水平，*表示10%的显著性水平；自变量系数下面括号里的数值是标准差。

4.4.3.2 企业家社会资本与企业动态能力的关系

根据表4-6中模型（4-4）的回归结果，企业家社会资本*SC*与企业动态能力*DC*之间的回归系数为正值，并且在1%的显著性水平下通过了检验，表明企业家社会资本对企业动态能力具有显著的正向影响。因此，假设H2成立，即企业家社会资本有利于提升企业动态能力。

根据表4-6中控制变量回归系数的结果，管理层持股比例*MBO*的回归系数为正，并且在1%的显著性水平下通过了检验，表明管理层持股比例越高企业动态能力越强，即两者之间存在显著的正向关系。股权集中度*OC*的回归系数为正，并且在1%的显著性水平下通过了检验，表明股权集中度对企业动态能力具有显著的正向影响。企业规模ln *size*的回归系数为正，并且在1%的显著性水平下通过了检验，表明企业规模对企业动态能力具有显著的正向影响。企业年龄*AGE*的回归系数为负，但是未通过显著性检验。企业杠杆水平*ALR*的回归系数为负，并且在1%的显著性水平下通过了检验，表明企业杠杆水平对企业动态能力具有显著的负向影响。市场化指数*MI*的回归系数为正，并且在1%的显著性水平下通过了检验，表明市场化水平对企业动态能力具有显著的正向影响。

虚拟变量均通过显著性检验。其中，企业所有制形式*OWNERSHIP*的回归系数为负，并且在1%的显著性水平下通过了检验，表明企业所有制形式对企业动态能力具有显著的负向影响，即民营企业的动态能力高于国有企业。

4.4.3.3　企业动态能力与企业多元化战略的关系

根据表 4-6 中模型（4-3）的回归结果，企业动态能力 *DC* 与企业多元化程度 *HHI* 的回归系数为负，并且在 1%的显著性水平下通过了检验，表明企业动态能力对多元化战略具有显著的正向影响。因此，假设 H3 成立，即动态能力强的企业更倾向于实施多元化战略。

控制变量的回归结果显示，高管持股比例 *MBO* 的回归系数为正，股权集中度 *OC* 的回归系数为负，市场化指数 *MI* 的回归系数为正，但均未通过显著性检验。企业规模 ln *size* 的回归系数为负，且在 10%的显著性水平下通过了检验；企业年龄 *AGE* 的回归系数为负，且在 1%的显著性水平下通过了检验；企业杠杆水平 *ALR* 的回归系数为负，且在 1%的显著性水平下通过了检验。表明企业规模、年龄和杠杆水平对多元化战略均有显著的正向影响。

虚拟变量均通过显著性检验。其中，企业所有制形式 *OWNERSHIP* 的回归系数为正，且在 5%的显著性水平下通过了检验，表明企业所有制形式对多元化程度具有正向影响，民营企业多元化程度高于国有企业。

4.4.3.4　企业动态能力对社会资本与多元化战略关系的中介效应

根据 4.3 节所设计的中介效应检验程序对企业动态能力的中介效应进行检验。

首先，检验模型（4-2）中企业家社会资本 *SC* 的回归系数 c。根据表 4-6所示的回归结果，模型（4-2）中 *SC* 的回归系数 c 在 1%的显著性水平下通过了显著性检验。

其次，检验模型（4-4）和模型（4-5）中的回归系数 a 和 b。根据表 4-6所示的回归结果，两个系数均在 1%的显著性水平下通过了显著性检验。

最后，检验模型（4-5）中的回归系数 c'。根据表 4-6 所示的回归结果，c'在 1%的显著性水平下通过了显著性检验。表明企业家社会资本与多元化战略之间的关系是部分通过企业动态能力这个中介变量实现的。

因此，假设 H4 成立，即企业动态能力在企业家社会资本与多元化战略之间的关系中发挥着中介效应。

根据回归结果的分析，研究假设 H1、H2、H3、H4 均通过检验，如表 4-7所示。

表 4-7 实证检验结果

假设	假设内容	实证检验结果
H1	企业家社会资本能够促进企业实施多元化战略	验证原假设
H2	企业家社会资本有利于提升企业动态能力	验证原假设
H3	动态能力强的企业更倾向于实施多元化战略	验证原假设
H4	企业动态能力在企业家社会资本与多元化战略之间的关系中发挥着中介效应	验证原假设

4.4.4 稳健性检验

为了验证实证检验结果需要进一步做稳健性检验。

稳健性检验通常采用变换估计方法、替换变量和调整数据等方法。本书采用替换变量法进行稳健性检验。用企业经营所涉及的行业数 N 替代 HHI 作为衡量多元化程度的指标。检验结果如表 4-8 所示。

表 4-8 替换变量方法检验结果

自变量	模型（4-2）	模型（4-3）	模型（4-5）
	因变量 N	因变量 N	因变量 N
SC	0.0409*** (0.0075)	—	0.0356*** (0.0076)
DC	—	3.2178*** (0.5743)	2.8223*** (0.5792)
MBO	−0.0012 (0.0012)	−0.0014 (0.0012)	−0.0016 (0.0012)
OC	0.0031 (0.0011)	−0.0007 (0.0011)	−0.0005 (0.0011)
ln $size$	0.1223*** (0.0204)	0.1172*** (0.0206)	0.1012*** (0.0208)

续表

自变量	模型（4-2）	模型（4-3）	模型（4-5）
	因变量 *N*	因变量 *N*	因变量 *N*
AGE	0. 0122*** (0. 0042)	0. 0141*** (0. 0042)	0. 0122** (0. 0042)
ALR	0. 0007 (0. 0012)	0. 0023* (0. 0013)	0. 0024* (0. 0012)
MI	0. 0154 (0. 0115)	0. 0109 (0. 0115)	0. 0128 (0. 0115)
OWNERSHIP	-0. 0915* (0. 0485)	-01130** (0. 0478)	-0. 0698 (0. 0486)
YEAR	YES	YES	YES
INDUSTRY	YES	YES	YES
Cons	-0. 3019*** (0. 4490)	-0. 6168*** (0. 4457)	-. 3592*** (0. 4481)
Wald 卡方	365. 27***	367. 03***	390. 73***

注：***表示 1%的显著性水平，**表示 5%的显著性水平，*表示 10%的显著性水平；自变量系数下面括号里的数值是标准差。

在此需要说明，*HHI* 的值越大代表企业专业化经营程度越高，*HHI* 的值越小代表企业多元化经营程度越高；而企业业务所涉及的行业数量 *N* 越多代表多元化水平越高，反之则代表专业化水平越高。因此，企业经营所涉及的行业数 *N* 越多，赫芬达尔指数 *HHI* 就越小，这对替换变量相互之间是负向关系。

表 4-6 中 *HHI* 与 *SC*、*DC* 之间的回归系数均为负，而表 4-8 中 *N* 与 *SC*、*DC* 之间的回归系数均为正，表明变量替换之后主要变量之间关系的方向没有变化。因此，用 *HHI* 表示企业多元化程度与用 *N* 表示企业多元化程度进行分析的结论是一致的，说明模型是稳健的。

同时，企业多元化程度 *N* 与 *SC*、*DC* 的回归系数均在 1%的显著性水平下通过检验。表明企业动态能力在企业家社会资本与多元化战略之间的关系中发挥着中介效应。因此，替换变量之后，假设 H4 仍然成立。该结果表明模型是稳健的。

4.5 社会资本和动态能力影响多元化的研究结论

本章基于相关理论，将企业家社会资本、企业动态能力和多元化战略纳入同一研究框架，建立研究模型，并以2011—2017年中国755家上市公司5078个样本为研究对象，对企业家社会资本、企业动态能力和多元化战略之间的关系进行了实证检验。本章的实证研究结果有力地支持了第2章的理论分析和研究假设。并与第3章的分析结果形成了呼应。

1. 企业家社会资本能够促进企业实施多元化战略

通过实证研究发现，企业家社会资本与多元化战略之间具有显著的正向关系，即企业家社会资本越丰富，企业越倾向于实施多元化战略，验证了研究假设H1。该结论与Chang和Hong（2000）[85]、姚俊和吕源等（2004）[220]、游家兴和邹雨菲（2014）[97]、曹华莹（2017）[294]、张平（2017）[93]等学者的研究结论一致，企业家社会资本作为一种特殊的资源和获取资源的能力，为企业实施多元化战略提供了机会、异质性资源，从而促进了企业的多元化经营。同时，该结论还印证了胡旭阳（2006）[78]、张敏和黄继承（2009）[126]、魏炜和朱青元（2017）[98]、冯业栋和宋增基（2019）[99]等学者的观点，在经济转轨的特殊阶段，企业家社会资本成为企业发展过程中克服尚不完善的法律、制度环境约束的有效替代机制，能够有效帮助企业获取准入机会、稀缺资源，节约交易成本，为企业实施多元化战略提供了基础。另外，该结论也支持了陈传明和周小虎（2001）[64]、刘琼和邓亚中（2015）[221]等学者的研究结论，企业家社会资本具有高度的专用性，当社会资本过剩时其价值难以通过市场交易变现，只能通过实施多元化战略内部消纳。因此，企业家社会资本对企业多元化战略产生积极的正向影响。该结论也与第3章调查问卷的分析结果一致，无论是理论分析、模型研究还是企业经营实践，均表明企业家社会资本的确对多元化战略具有促进作用。

2. 企业家社会资本有利于提升企业动态能力

研究结果显示，企业家社会资本对企业动态能力具有显著的正向影响，即企业家社会资本有利于提升企业动态能力，验证了研究假设 H2。该研究结论印证了 Wu（2006）[232]、杨鹏鹏和袁治平（2008）[231]、游家兴和邹雨菲（2014）[97]、高照军和韦夏等（2015）[234]、李辉和王聪（2016）[235]等学者的观点，即企业家社会资本能够聚合异质性资源，并通过整合配置资源提升企业动态能力。由此可见，企业家积累社会资本为提升企业动态能力，进而提升核心竞争力奠定了基础；企业能够通过整合、吸收和更新等流程，将嵌入在企业家社会关系网络中的资源转化为动态能力。因此企业家对社会资本的投资，能够通过提升动态能力和核心竞争力取得回报。这也从提升企业核心竞争力的角度有效地解释了企业家投资构建社会资本的动因。

3. 动态能力强的企业更倾向于实施多元化战略

研究结果显示，企业动态能力对企业多元化战略具有显著的正向影响，即动态能力越强的企业越倾向于实施多元化战略，验证了研究假设 H3。该结论支持了李思琦（2014）[109]、胡钢和曹兴（2014）[110]、许春（2016）[120]、尹剑峰（2018）[111]等学者的研究结论，动态能力能够帮助企业更好地把握发展机会、提供资源支撑、引导企业多元化经营的方向，因此积极促进了企业实施多元化战略。该结论与第 3 章调查问卷的分析结果一致，无论是基于实证研究，还是企业经营实践的观察，均表明动态能力能够促进企业实施多元化战略，说明动态能力是影响企业实施多元化战略的重要因素。

4. 动态能力在企业家社会资本与多元化战略之间的关系中发挥着中介效应

研究结果显示，企业家社会资本与多元化战略之间的关系是部分通过企业动态能力实现的，即动态能力在企业家社会资本与多元化战略之间的关系中发挥了中介效应。该结论验证了研究假设 H4。作为企业的重要资源，当企业家社会资本出现剩余时要通过实施多元化战略转化成价值（刘琼、邓亚中，2015）。[221]基于该结论，企业的动态能力成为价值转化的重要影响因素。企业动态能力越强，就能更好地将企业家社会资本获得的资源通过多元化经营实现价值转化。该结论也印证了杨强和汪波等

(2008)[155]、吴国鼎和张会丽（2015）[156]、郑晓光和班桢（2016）[157]等学者的观点，企业动态能力不足而盲目实施多元化会导致失败，从反面解释了众多中国企业多元化失败的原因。改革开放40多年来，中国经济在转轨过程中的制度变革为企业提供了众多的市场机会，很多具备丰富企业家社会资本的企业能够快速抓住机会进入新的行业实施多元化，但是其动态能力不足以支撑多元化经营。换言之，企业家社会资本为企业提供了实施多元化的市场机会，却因为动态能力不足，无法通过多元化将市场机会成功转化为价值。

5. 其他变量的影响

从控制变量来看，企业年龄、杠杆水平、市场化程度均对多元化战略具有积极促进作用。管理层持股对多元化战略具有抑制作用，但抑制作用不显著，该现象主要是中国上市公司高管持股比例普遍较低所致。企业的所有制形式对企业家社会资本、企业动态能力和多元化战略之间的关系具有一定影响，民营企业的动态能力和多元化程度均高于国有企业。

4.6 管理启示与对策

4.6.1 管理启示

根据实证研究的结论，企业家社会资本促进了多元化战略的实施和动态能力的提升，企业动态能力在企业家社会资本通过多元化战略转化为价值的过程中发挥了重要的中介效应。结合第2章的理论分析和第3章的问卷分析结果，可以得出如下管理启示：

（1）企业家社会资本是推动多元化的重要因素。根据结构洞理论，占据网络结构洞的个体具备较强的资源优势，并以此创造收益。企业家社会资本对于企业发展的积极影响是毋庸置疑的。作为特殊资源和能力，企业家社会资本已经成为企业在市场竞争中生存和发展的重要保障。在改革开放进程中，面对市场机制和制度缺失的营商环境，企业家社会资本对帮助企业获取资源和发展机会具有重要作用，并积极促进了企业实施多元化战略。因此，企业家应该重视积累社会资本。在选择多元化战略的决策中，要充分审视企业家社会资本因素的影响。

（2）动态能力是决定企业多元化战略成功与否的关键因素。企业动态能力是企业应对外部环境变化，保持持续竞争优势的能力。动态能力是企业区别于竞争对手的最重要的能力。虽然企业家社会资本能够为企业发展提供资源和机会，但是企业能否抓住机会将资源转化为价值还有赖于企业的动态能力。动态能力是企业持续发展的根基，是企业实施多元化战略成功与否的关键。因此，在选择多元化战略的决策中，应充分判断动态能力是否与发展目标相匹配。

4.6.2　管理对策

企业应该结合外部环境的变化积极构建新型企业家社会资本体系，并注重持续提升企业动态能力，合理应用企业家社会资本，为企业的持续发展积累资源和动能。尤其是实施多元化战略的企业，一定要注重企业家社会资本、动态能力与发展目标的匹配。

4.6.2.1　重视构建新型企业家社会资本

随着中国经济市场化程度的不断提高，反腐败斗争的持续深入，政治、制度、政策体系的日益完善，以及企业与政府之间关系的制度化，企业家也应推动其社会资本转型升级，从多方面着手打造良性的企业发展生态圈，积极探索构建新型企业家社会资本体系。

1. 加快政商关系重构转型

在传统的企业家社会资本体系中，政商关系是非常重要的组成部分，政商关系多表现为企业家与官员的个人关系，维系这种关系的纽带是双方的利益交换。但是在市场机制和制度尚不完善的营商环境中，传统的政商关系异化为官员寻租、企业行贿获得相关利益的扭曲关系，成为滋生权钱交易和腐败的根源。虽然这种社会资本是短期的、不可延续的，但却为企业的发展留下了隐患。因此，随着营商环境的优化，尤其是政商关系的逐步制度化、规范化，企业家应该主动参与政商关系重塑，积极推动政商关系转型，用非人格化的企业与政府之间的关系取代传统的个人与官员之间的关系。如此，企业家社会资本才能脱离对某个官员的依赖，而形成企业与政府的长期、透明、可持续的良性互动，从而在获取政府支持的同时有效规避风险。

2. 加强利益相关者关系管理

企业所处的生态圈是政府、供应商、竞争者、消费者、金融机构、股东、员工、公众等利益相关群体的有机集合，政商关系仅仅是企业家社会资本的一部分。企业要实现持续稳定的发展，还应该处理好与其他利益相关者的关系。因此，企业家应将社会资本体系的重心逐步由政府向其他利益相关者转移。具体而言，企业需要内外兼修，加强内外部利益相关者关系的管理和维护。一方面，在企业内部与员工建立良好信任关系，培育合作、共享的价值观和企业文化，坚持守法经营。另一方面，对外部利益相关者以诚相待，提高企业和企业家的信誉，树立良好的企业形象。与利益相关者建立良好的信任关系，创造良好的发展环境，促进企业竞争力的提升。

3. 积极融入行业组织

行业组织是企业家与社会、政府以及企业家之间相互联系的重要纽带，为企业家社会资本的构建提供了丰富的关系网络。面对纷繁复杂的外部环境，个体显得势单力薄，因此企业家应积极融入商会、协会等行业组织。通过行业组织，企业家可以更好地获取人才、市场信息、技术、知识等稀缺资源；更好地借助平台实现资源优化配置；更好地借助组织的公共资源协调处理企业发展所遇到的困难；更好地依靠组织平台提升危机处理能力，降低和化解风险。

4. 主动承担社会责任

承担社会责任对企业家社会资本积累具有积极影响。党的十八届三中全会和四中全会通过的相关决定把承担社会责任作为深化国有企业改革的重点之一，并明确将加强社会责任立法。作为社会公民，履行社会责任是企业不容推卸的义务。首先，正确认识和对待社会责任，一方面履行社会责任是慈善，不一定需要大量成本投入；另一方面履行社会责任可以提升企业品牌价值和核心竞争力。其次，树立履行社会责任的理念和价值观，将社会责任融入企业发展战略和经营管理实践。通过主动承担社会责任获得利益相关者的信任和支持，推动企业的可持续发展。

4.6.2.2 注重提高企业动态能力

企业在经营实践中必须重视自身动态能力的培养和提升。根据前文对企业动态能力构成维度的研究，动态能力包括整合重构能力和变革创新能力。

1. 增强整合重构能力

增强企业内部资源的整合能力，建立企业内部各部门之间的沟通协调机制，及时分析处理企业所获取的资源和信息，促进信息流通和资源共享。同时，强化调动和整合外部资源的能力，加强与政府、投资者、供应商、顾客等利益相关者的联系和沟通，形成整合内外资源的快速联动响应机制。

2. 提升变革创新能力

培养企业良好的学习习惯，促进新知识、新技术在企业内部的共享和传播。建立灵活的组织结构，能够针对外部环境变化做出快速调整和响应。保持持续的研发投入，跟踪甚至引领行业发展。发挥企业家社会资本的作用，利用外部人才、信息、科研、管理和咨询等资源，为企业创新能力的提升提供广泛的资源支持。

4.7 本章小结

本章以第 3 章的研究结论为基础，利用第 2 章构建的“企业家社会资本—动态能力—多元化战略”分析模型，通过实证研究进一步检验企业家社会资本、动态能力与多元化战略之间关系的相关假设。以上海和深圳 A 股市场 755 家上市公司 2011—2017 年的面板数据作为样本开展实证研究。根据回归结果，第 2 章所提出的研究假设 H1、H2、H3、H4 均通过检验。

研究结果显示，企业家社会资本对多元化战略具有显著正向影响；企业家社会资本对企业动态能力具有显著正向影响；企业动态能力对企业多元化战略具有显著正向影响；企业动态能力在企业家社会资本与多元化战略之间的关系中发挥了显著的中介效应。基于实证研究结论本章提出了构建新型政商关系和增强企业动态能力的对策建议。

第5章

多元化战略对企业家社会资本与经营风险关系的调节效应

根据第2章的理论分析，第3章的问卷调查分析结果和第4章的实证研究结论，企业家社会资本能够促进企业实施多元化战略，企业家社会资本能够分散经营风险，而在转轨经济背景下多元化战略又可能提高企业经营风险。但是在企业实际经营中，企业家社会资本、多元化战略和经营风险之间的关系还有待于进一步验证。本章结合中国特殊的制度背景和企业家的行为动机，基于“制度—行为”分析范式研究企业家社会资本、多元化战略与经营风险的关系，检验第2章所提出的研究假设。

5.1 研究样本与数据来源

本书以上海和深圳A股上市企业为研究对象，选择2011—2017年的数据为样本进行实证分析。数据筛选原则与第4章相同，分别为：①剔除金融、保险行业企业数据；②剔除2010年之后上市和指标数据不完整的企业；③剔除研究期间出现PT和ST等重大事项的企业；④剔除极端值。经过筛选之后，本书共得到755家企业，5078个样本。

本书的资产收益率、高管持股比例、股权集中度、总资产、资产负债率、企业年龄、企业所有制形式、行业等变量的数据主要来源于Wind数据库。企业家（董事长）社会资本的相关信息以Wind数据库企业资料中的董事会与高管信息为基础，结合百度、360等搜索引擎以及企业网站的信息手工整理。市场化指数来源于国民经济研究所王小鲁等编制的各省份市场化指数。

5.2 研究变量定义与测度

本章研究所涉及的企业家社会资本、多元化战略等变量已经在第4章定义过，在此不再赘述。

5.2.1 企业经营风险

根据2.1节的界定，企业经营风险是企业在经营过程中由于经营者的决策和外部环境影响所导致的企业收益的不确定性，即企业经营收益的波动性。

企业经营风险的衡量方法主要有两大类：

（1）以资本市场数据为基础的衡量方法。该衡量方法以资本市场股票价格数据为基础来衡量经营风险。通常采用的指标有年化波动率和贝塔值。年化波动率以股票的收益波动率度量经营风险（冯丽艳、肖翔等，2016[150]）。贝塔值以贝塔系数度量系统性风险和特质性风险等（方红星、陈作华，2015[295]）。

（2）以会计核算数据为基础的衡量方法。该衡量方法主要以上市公司财务报表数据为基础来衡量经营风险。通常采用的指标为总资产收益率波动率，以资产收益率的波动来衡量经营风险（余明桂、李文贵等，2013[296]；翟胜宝、张胜等，2015[297]；闫迪、郑少锋，2018[150]）。

资本市场数据的可靠性受到资本市场效率的影响，而会计数据的可靠性受信息质量的影响。西方学者的研究通常以资本市场数据为基础，但是该方法并不适合用来研究中国上市公司的经营风险，因为中国的证券市场尚不完善，股价波动受政策、信息，甚至坐庄操纵等因素的影响较大，投资者具有强烈的投机心理，股票价格与企业经营基本面严重脱离，股票收益的波动率等市场数据并不能很好地反映企业经营风险。虽然财务数据也有很大的“噪声”，但是与股票市场价格数据相比，更加合理。

由于总资产收益率的高低直接反映了企业的竞争实力和发展能力，总资产收益率的波动性即不确定性可以较好地反映企业的风险状况，被广泛应用于企业经营风险的测度（Chang and Thomas，1989[159]；余明桂、李文贵等，2013[296]；周春梅，2015[163]；翟胜宝、张胜等，2015[297]；闫迪、郑少锋，2018[150]）。

因此，本书也以企业总资产收益率的标准差（即波动率）来测度企业经营风险。借鉴相关文献的做法，本章采用近 3 年总资产收益率（*ROA*）的标准差来测度企业经营风险。计算公式如式（5-1）所示。

$$RISK_i = \frac{1}{n-1}\sum_{t}^{n}(ROA_{it} - \overline{ROA_i})^2 \tag{5-1}$$

其中，i 表示第 i 个企业，t 表示第 t 年，n 取值为 3，$RISK_i$ 表示第 i 个企业的经营风险，ROA_{it}表示第 i 个企业第 t 年的资产收益率，$\overline{ROA_i}$表示第 i 个企业近 3 年资产收益率均值。

5.2.2　其他变量的定义与测度

1. 高管持股比例

根据委托代理理论，由于企业的所有权与经营权相分离，所有者和管理者均有自己的利益诉求，因此两者的目标并不完全相同。管理层持股将高管的个人利益与企业利益捆绑在一起，可以有效降低因所有权与控制权分离所引发的管理者机会主义行为，做出有利于企业长远发展的战略决策，从而降低企业经营风险。但管理层持股与企业经营风险之间不一定是简单的线性关系。当管理者取得足够大的权力时，市场约束力就会明显下降，就越有可能利用企业为自己而不是股东谋取利益，增加代理成本，增加企业经营风险，产生“堑壕防御”行为。Beyer 和 Czarnitzki 等（2012）认为随着持股比例的增加，管理者会进行“隧道挖掘”，并产生追求自身利益而非所有者利益的动机。[298]可见，高管持股比例对企业经营风险具有重要影响。因此，本书将高管持股比例设定为控制变量，以高管持股数量除以总股数进行衡量。

2. 股权集中程度

股权结构是企业治理机制的基础。合理的股权结构直接决定着监督和激励的有效性，进而影响企业的风险水平。相关研究表明，当其他大股东对企业控股股东约束力不强时，企业更倾向于采取保守的投资策略，所需要承担的风险也相对较小。当企业遭遇风险时，控股股东会利用自身在信息、资金等方面的优势帮助其渡过难关，能降低经营风险。同时，也有研究指出股权集中程度越高，企业的决策权掌握在少数大股东手中，为了实现自身利益最大化，大股东会通过各种手段掏空企业利益、损害中小股东的利益（唐跃军、谢仍明，2006[289]）。如果大股东的个人能力欠缺或者因主观冲动做出非理性决策，也会给企业带来巨大的风险。可见，股权集中程度对企业经营风险具有重要影响。因此，本书将股权集中度设定为控制变量，以前十大流通股股东持股比例进行衡量。

3. 企业规模

一般认为，企业规模越大企业的抗风险能力越强，大企业的抗风险能力要好于小企业。通常企业规模以企业的资产来表示。因此，本书将企业规模设定为控制变量，以总资产的对数作为衡量指标。

4. 企业年龄

一般而言，企业年龄与企业的经营风险并非呈现简单的线性关系，在企业的创立和成长阶段企业的经营风险较高，成熟阶段风险较低，到了衰退和消亡阶段风险就会加大，即企业年龄与经营风险呈现“U”形关系。可见，企业年龄对经营风险具有重要影响。因此，本书将企业年龄设定为控制变量，以企业成立时间开始计算，截至研究样本设定时间的年数进行衡量。

5. 杠杆水平

企业杠杆水平指的是企业的总负债与总资产之间的比值，即资产负债率。众多实证研究显示，在信息不对称的情况下企业的杠杆水平对企业的经营风险具有重要的影响。保持适度的杠杆水平，可以为企业融入资金提高企业的投资水平，放大企业的盈利。但是如果资产负债率过高则会大幅提升企业的财务成本，有可能使企业陷入债务危机，导致违约风险加大。因此，企业杠杆水平越高企业潜在的盈利能力越强，潜在的经营风险也越高。鉴于此，本书将杠杆水平设定为控制变量，以企业的资产负债率进行衡量。

6. 虚拟变量

基于以往研究成果，本书将年份（*YEAR*）、行业（*INDUSTRY*）和所有制形式（*OWNERSHIP*）设置为虚拟变量。

本章所有变量的设定如表 5-1 所示。

表 5-1　主要变量定义

变量类型	变量名称	变量符号	变量定义
因变量	企业经营风险	*RISK*	近 3 年总资产收益率的标准差
自变量	企业家社会资本	*SC*	企业董事长社会资本
调节变量	多元化战略	*HHI*	赫芬达尔指数，取值介于 0~1，数值越大企业多元化程度越低，数值越小企业多元化程度越高
	行业数	*N*	企业经营所涉及的行业数，*N* 越大企业多元化程度越高
控制变量	高管持股比例	*MBO*	高管持股数量/总股数
	股权集中度	*OC*	前十大流通股股东持股比例
	企业规模	ln *size*	企业总资产的自然对数
	企业年龄	*AGE*	从企业成立的时间开始计算，截至研究样本设定时间的年数
	杠杆水平	*ALR*	企业资产负债率
	市场化指数	*MI*	各省份市场化指数
虚拟变量	年份	*YEAR*	样本所属的年份数值
	行业	*INDUSTRY*	根据 Wind 的行业分类标准进行分类并编号
	企业所有制形式	*OWNERSHIP*	1 表示国有企业，0 表示其他企业

5.3　社会资本和多元化影响经营风险的研究模型

根据相关研究假设，为研究企业家社会资本、多元化战略与企业经营风险的关系，并验证多元化战略的调节效应，本书采用分层回归的方法进行相应的检验。第一步，先建立企业经营风险 *RISK* 与企业家社会资本 *SC* 关系的模型（5-2）进行回归，用于检验假设 H5；第二步，引入多元化战略 *HHI* 作为自变量，建立模型（5-3）进行回归，用于检验假设 H6；第三步，引入企业家社会资本与多元化战略的乘积项 *SC*×*HHI* 作为自变量，建立模型（5-4）进行回归，用于检验假设 H7。所建立的模型如下所示：

$$RISK_{it}=\alpha+a\times SC_{it}+\beta_j\times control_{ij}+e_{1it} \tag{5-2}$$

$$RISK_{it}=\alpha+a\times SC_{it}+b\times HHI_{it}+\beta_j\times control_{ij}+e_{2it} \quad (5-3)$$

$$RISK_{it}=\alpha+a\times SC_{it}+b\times HHI_{it}+c\times SC_{it}\times HHI_{it}+\beta_j\times control+e_{3it} \quad (5-4)$$

在上述模型中，t 表示年份，i 表示企业，*control* 表示控制变量，j 表示控制变量个数，e_{1it}、e_{2it}、e_{3it} 均表示随机干扰项。*HHI* 为调节变量，*SC*×*HHI* 为调节效应，调节效应是否显著主要取决于 c 是否达到统计学意义上的显著性水平。

5.4 社会资本和多元化影响经营风险的实证研究

5.4.1 描述性统计与相关性分析

5.4.1.1 样本的描述性统计

对主要变量的样本数据进行描述性统计分析，结果如表 5-2 所示。

根据分析结果，企业经营风险 *RISK* 的均值为 3.5515，最小值为 0.02，最大值为 150.99，标准差为 5.1274，表明企业之间经营风险的差距较大。企业家社会资本 *SC* 的均值为 4.9657，最小值为 1，最大值为 14，标准差为 2.5794，企业家之间的社会资本差距较大。多元化战略 *HHI* 的平均值为 0.7670，行业数 *N* 的均值为 2.0542，企业经营涉及行业数量最多为 9 个，总体而言，样本上市公司的多元化程度不高。高管持股比例 *MBO* 的均值为 11.4190，最小值为 0，最大值为 77.81，标准差达到 19.0435，企业高管持股比例的偏差很大。股权集中度 *OC* 均值为 44.0017，最小值为 0.68，最大值为 96.14，标准差达到 21.5455，企业股权集中度的差距较大。企业规模 ln *size* 均值为 22.0505，最小值为 19.08，最大值为 28.10，标准差为 1.2303，数据分布相对较为集中。企业年龄 *AGE* 均值为 16.6954，最小值为 3，最大值为 37.00，标准差为 4.9821，数据分布较为离散。企业杠杆水平 *ALR* 均值为 41.5056，最小值为 0.80，最大值为 97.87，标准差为 19.9985，数据分布较为离散。市场化指数 *MI* 均值为 8.1843，最小值为 -0.3（西藏 2012 年市场化指数），最大值为 11.11，标准差为 1.8206，数据分布相对集中。

表 5-2　主要变量描述性统计分析结果

变量		均值	标准差	最小值	最大值	观测值
RISK	总体	3. 5515	5. 1274	0. 02	150. 99	N=5078 n=755 T-bar=6. 7258
	组间		3. 5651	0. 3057	80. 10	
	组内		3. 7044	−75. 1456	74. 44	
SC	总体	4. 9657	2. 5794	1	14	N=5078 n=755 T-bar=6. 7258
	组间		2. 5763	1	14	
	组内		0. 2166	−1. 0343	9. 5372	
HHI	总体	0. 7670	0. 2566	0. 14	1	N=5078 n=755 T-bar=6. 7258
	组间		0. 2267	0. 1567	1	
	组内		0. 1237	0. 1327	1. 4241	
N	总体	2. 0542	1. 3518	1	9	N=5078 n=755 T-bar=6. 7258
	组间		1. 1817	1	7. 5	
	组内		0. 6804	−2. 3744	7. 0542	
MBO	总体	11. 4190	19. 0435	0	77. 81	N=5078 n=755 T-bar=6. 7258
	组间		16. 2194	0	65. 68	
	组内		10. 0523	−36. 9430	61. 56	
OC	总体	44. 0017	21. 5455	0. 68	96. 14	N=5078 n=755 T-bar=6. 7258
	组间		13. 7853	9. 2175	95. 38	
	组内		16. 6629	−17. 2526	89. 56	
ln *size*	总体	22. 0505	1. 2303	19. 08	28. 10	N=5078 n=755 T-bar=6. 7258
	组间		1. 1566	19. 2743	27. 96	
	组内		0. 4213	20. 1062	25. 20	
AGE	总体	16. 6954	4. 9821	3	37. 00	N=5078 n=755 T-bar=6. 7258
	组间		4. 6108	5. 5	34. 20	
	组内		1. 9651	12. 5525	20. 55	
ALR	总体	41. 5056	19. 9985	0. 80	97. 87	N=5078 n=755 T-bar=6. 7258
	组间		18. 2979	4. 8214	90. 23	
	组内		8. 2645	3. 8170	92. 76	
MI	总体	8. 1843	1. 8206	−0. 3	11. 11	N=5078 n=755 T-bar=6. 7258
	组间		1. 6746	0. 5428	10. 32	
	组内		0. 7074	5. 5043	11. 06	

5.4.1.2 变量相关性分析

在进一步研究相关变量的关系之前，需要分析各变量之间的相关性。本书对主要的变量进行 Pearson 相关分析，结果如表 5-3 所示。

根据变量的相关分析结果，企业家社会资本 *SC* 与企业经营风险 *RISK* 在 5%的显著性水平下呈现显著的负相关关系。企业多元化战略 *HHI* 与企业经营风险 *RISK* 在 1%的显著性水平下呈现显著的负相关关系。因此，变量相关性分析的结果支持第 2 章所提出的假设 H5（企业家社会资本有利于分散企业经营风险）和 H6（实施多元化战略提高了企业经营风险）。

企业经营风险与控制变量中的多数变量也存在显著的相关关系，与高管持股比例 *MBO* 在 1%的显著性水平下呈现显著的正相关关系；与企业股权集中度 *OC* 在 1%的显著性水平下呈现显著的负相关关系；与企业年龄 *AGE* 在 1%的显著性水平下呈现显著的负相关关系；与企业规模 ln *size* 在 1%的显著性水平下呈现显著的负相关关系；与企业杠杆水平 *ALR* 在 1%的显著性水平下呈现显著的负相关关系；与市场化指数 *MI* 在 1%的显著性水平下呈现显著的正相关关系。

企业多元化战略的替代指标 *N* 与经营风险、企业家社会资本、企业规模、企业年龄、企业杠杆水平的关系均是显著的，与管理层持股比例、股权集中度、市场化指数的关系不显著。

5.4.2 模型的选择与检验

5.4.2.1 变量多重共线性检验

采用方差膨胀因子（Variance Inflation Factor，VIF）法进行多重共线性检验。3 个模型变量的检验结果如表 5-4 所示，根据检验结果可以看出 3 个模型变量的方差膨胀因子均值都小于 5，因此变量不存在明显的多重共线性。

5.4.2.2 个体效应检验

根据个体效应检验的结果，可以判断需要建立混合效应模型还是个体固定效应模型。具体依据 F 值的检验来进行判断。检验过程与第 4 章相同。

5.3 节 3 个模型的检验结果如下：

模型（5-2）的 F 统计量为 F（754，4316）= 5.99，$Prob>F$ = 0.000；

模型（5-3）的 F 统计量为 F（754，4316）= 5.99，$Prob>F$ = 0.000；

模型（5-4）的 F 统计量为 F（754，4316）= 6.01，$Prob>F$ = 0.000。

根据检验结果，3 个模型的个体固定效应模型均优于混合效应模型。

5.4.2.3　时间效应检验

根据时间效应检验的结果，可以判断需要建立混合效应模型还是随机效应模型。具体采用拉格朗日乘数（LM）检验。检验过程与第 4 章相同。

5.3 节 3 个模型的检验结果如下：

模型（5-2）的卡方统计量为 chi2（1）= 2486.36，$Prob$>chi2 = 0.000；

模型（5-3）的卡方统计量为 chi2（1）= 2471.45，$Prob$>chi2 = 0.000；

模型（5-4）的卡方统计量为 chi2（1）= 2481.90，$Prob$>chi2 = 0.000。

根据检验结果，3 个模型的随机效应均显著，表明随机效应模型优于混合效应模型。

5.4.2.4　检验固定效应和随机效应

该检验旨在固定效应和随机效应之间进行选择。采用 Hausman 检验，检验过程与第 4 章相同。

5.3 节 3 个模型的检验结果如下：

模型（5-2）的卡方统计量为 chi2（7）= 100.27，$Prob$>chi2 = 0.000；

模型（5-3）的卡方统计量为 chi2（8）= 101.86，$Prob$>chi2 = 0.000；

模型（5-4）的卡方统计量为 chi2（9）= 103.67，$Prob$>chi2 = 0.000。

根据检验结果，3 个模型的 Hausman 检验均拒绝原假设，因此选择固定效应模型。

表 5-3　主要变量的 Pearson 相关系数

	RISK	*SC*	*HHI*	*MBO*	*OC*	ln *size*	*AGE*	*ALR*	*MI*	*N*
RISK	1. 0000									
SC	-0. 0329**	1. 0000								
HHI	-0. 0453***	-0. 0872***	1. 0000							
MBO	0. 1392***	0. 0946***	0. 0468***	1. 0000						
OC	-0. 1963***	-0. 0408***	-0. 0719***	-0. 4627***	1. 0000					
ln *size*	-0. 827***	0. 0840***	-0. 0799***	-0. 3432***	0. 3948***	1. 0000				
AGE	-0. 0547***	0. 0429***	-0. 0874***	-0. 2687***	0. 2343***	0. 1856***	1. 0000			
ALR	-0. 1089***	-0. 0407***	-0. 0583***	-0. 3376***	0. 2313***	0. 5585***	0. 1845***	1. 0000		
MI	0. 0564***	0. 0294**	0. 0375***	0. 0856***	0. 1251***	-0. 0342***	0. 1308***	-0. 1550***	1. 0000	
N	0. 0698***	0. 0861***	-0. 8222***	-0. 0241*	-0. 0086	0. 1055***	0. 0443***	0. 0763***	-0. 0036	1. 0000

注：***表示在 1%的水平（双侧）下显著相关，**表示在 5%的水平（双侧）下显著相关，*表示在 10%的水平（双侧）下显著相关。

表 5-4　变量多重共线性检验

变量	VIF	1/VIF	VIF	1/VIF	VIF	1/VIF
	模型（5-2）		模型（5-3）		模型（5-4）	
SC	1.04	0.9627	1.05	0.9560	9.27	0.1079
HHI	—	—	1.02	0.9794	4.79	0.2088
SC×HHI	—	—	—	—	12.04	0.0831
MBO	1.45	0.6875	1.45	0.6875	1.46	0.6862
OC	1.45	0.6884	1.45	0.6877	1.46	0.6867
ln *size*	1.68	0.5957	1.68	0.5953	1.68	0.5941
AGE	1.14	0.8778	1.14	0.8750	1.14	0.8746
ALR	1.57	0.6375	1.57	0.6372	1.57	0.6372
MI	1.10	0.9121	1.06	0.9442	1.10	0.9114
VIF 均值	1.35		1.31		3.83	

5.4.2.5　固定效应模型组内序列相关检验

采用 Wooldridge 检验法对固定效应模型组内序列相关进行检验，检验过程与第 4 章相同。

5.3 节 3 个模型的检验结果如下：

模型（5-2）的 F 统计量 F（1，750）= 1447.088，$Prob>F=0.000$；

模型（5-3）的 F 统计量 F（1，750）= 1446.808，$Prob>F=0.000$；

模型（5-4）的 F 统计量 F（1，750）= 1440.317，$Prob>F=0.000$。

根据上述检验结果，可知 3 个模型均拒绝不存在序列相关的原假设，说明存在一阶自相关。

5.4.2.6　固定效应模型组间异方差检验

采用修正的伍德检验对固定效应模型进行异方差检验，检验过程与第 4 章相同。

5.3 节 3 个模型的检验结果如下：

模型（5-2）的卡方统计量为 chi2（755）= 7.4e+6，$Prob$>chi2=0.000；

模型（5-3）的卡方统计量为 chi2（755）= 7.2e+6，$Prob$>chi2=0.000；

模型（5-4）的卡方统计量为 chi2（755）= 1.2e+7，$Prob$>chi2=0.000。

根据检验结果，3 个模型均拒绝同方差的原假设，即存在异方差。

针对序列相关和异方差，采用广义最小二乘法对模型进行修正。

5.4.3 回归结果分析

运用广义最小二乘法进行回归，模型（5-2）、模型（5-3）、模型（5-4）的回归结果如表 5-5 所示。

根据表 5-5 所示的回归结果，模型（5-2）、模型（5-3）和模型（5-4）中 *SC* 的回归系数均为负，而且都在 1%的显著性水平下通过了检验，说明 *SC* 取值越大 *RISK* 越小，即企业家社会资本越丰富企业经营风险越低。因此，假设 H5 成立，即企业家社会资本有利于分散企业经营风险。

模型（5-3）和模型（5-4）中 *HHI* 的回归系数均为负，而且都在 1%的显著性水平下通过了检验，说明 *HHI* 取值越大 *RISK* 越小（或 *HHI* 取值越小 *RISK* 越大），即多元化程度越高企业经营风险越高。因此，研究假设 H6 成立，即实施多元化战略提高了企业经营风险。

模型（5-4）是对多元化战略调节效应的检验，企业家社会资本与多元化程度交互项 *SC×HHI* 的回归系数为 0. 2089，且在 5%的显著性水平下通过了检验，表明多元化战略会弱化或干扰企业家社会资本与企业经营风险的关系。因此，研究假设 H7 成立，即多元化战略在企业家社会资本与经营风险之间的关系中发挥着调节效应。

表 5-5 调节效应回归结果

变量	模型（5-2） 因变量 *AGE*	模型（5-3） 因变量 *AGE*	模型（5-4） 因变量 *AGE*
SC	-0. 0691*** (0. 0271)	-0. 0772*** (0. 0272)	-0. 2295*** (0. 0793)
HHI	—	-0. 9218*** (0. 2668)	-1. 9613*** (0. 5737)
SC×HHI	—	—	0. 2089** (0. 1021)
MBO	0. 0129*** (0. 0044)	0. 0129*** (0. 0044)	0. 0125*** (0. 0044)

续表

变量	模型（5-2） 因变量 *AGE*	模型（5-3） 因变量 *AGE*	模型（5-4） 因变量 *AGE*
OC	-0.0110*** (0.0040)	-0.0113*** (0.0040)	-0.0117*** (0.0040)
ln *size*	-0.2954*** (0.0739)	-0.3025*** (0.0738)	-0.2945*** (0.0739)
AGE	0.0448*** (0.0154)	0.0432 (0.0154)	0.0426*** (0.0154)
ALR	-0.0985** (0.0044)	-0.0088** (0.0044)	-0.0087** (0.0043)
MI	-0.0449 (0.0417)	-0.0464 (0.0417)	-0.0466 (0.0417)
OWNERSHIP	-0.3792** (0.1755)	-0.3631** (0.1753)	-0.3649** (0.1753)
YEAR	YES	YES	YES
INDUSTRY	YES	YES	YES
Cons	13.6197*** (1.6238)	14.3946*** (1.6373)	14.9456*** (1.6586)
Wald 卡方	907.99***	922.06***	927.01***

注：***表示1%的显著性水平，**表示5%的显著性水平，*表示10%的显著性水平，自变量系数下面括号里的数值是标准差。

控制变量的回归结果显示，模型（5-2）、模型（5-3）和模型（5-4）中高管持股比例 *MBO* 的回归系数均为正，且都在1%的显著性水平下通过了检验，表明管理层持股对企业经营风险具有显著的正向影响，即上市公司管理层持股比例越高企业经营风险越高。模型（5-2）、模型（5-3）和模型（5-4）中股权集中度 *OC* 的回归系数均为负，且都在1%的显著性水平下通过了检验，表明股权集中度对企业经营风险具有显著的负向影响，即股权集中度越高企业经营风险越低。模型（5-2）、模型（5-3）和模型（5-4）中企业规模 ln *size* 的回归系数均为负，且都在1%的显著性水平下通过了检验，表明企业规模对企业经营风险具有显著的负向影响，即企业规模越大经营风险越低，也就是说大企业具有更高的抗风险能力。

模型（5-2）、模型（5-3）和模型（5-4）中企业杠杆水平 *ALR* 的回归系数均为负，且都在5%的显著性水平下通过了检验，说明杠杆水平对企业经营风险具有负向影响，即增加杠杆能够降低风险。从理论上讲，企业适度的杠杆经营能够起到“四两拨千斤”的作用，帮助企业快速做大做强，降低经营风险；但过高的杠杆系数又会带来沉重的财务负担，一旦资金链断裂，就会产生较大的风险。因此，企业杠杆系数与经营风险并不是单纯的线性关系，更应该是“U”形关系。企业年龄 *AGE* 的回归系数均为正，但是模型（5-3）没有通过显著性检验，模型（5-2）、模型（5-4）在1%的显著性水平下通过了检验，说明企业年龄越大经营风险越高，但是该影响不够显著。模型（5-2）、模型（5-3）和模型（5-4）中市场化指数 *MI* 的回归系数均为负，但均未通过显著性检验，说明在该研究中市场化程度对企业经营风险的影响尚不确定。虚拟变量均通过显著性检验。其中，企业所有制形式 *OWNERSHIP* 的回归系数均为负，表明企业所有制形式对经营风险具有负向影响，说明国有企业较民营企业的经营风险低。

根据回归结果的分析，研究假设 H5、H6、H7 均通过验证，如表 5-6 所示。

表 5-6　实证检验结果

假设	假设内容	实证检验结果
H5	企业家社会资本有利于分散企业经营风险	验证原假设
H6	实施多元化战略提高了企业经营风险	验证原假设
H7	多元化战略在企业家社会资本与经营风险之间的关系中发挥着调节效应	验证原假设

5.4.4　稳健性检验

为了验证实证检验结果需要进一步做稳健性检验。稳健性检验通常有变换估计、替换变量和调整数据等方法。借鉴已有研究，本书分别采用变换估计方法和替换变量法进行稳健性检验。

（1）变换估计方法。由于加权最小二乘法也可以消除多元回归中的异方差，因此本书用加权最小二乘法代替广义最小二乘法，检验结果如表 5-7 所示。将表 5-7 中的结果与表 5-5 对比可以看出，企业家社会资本 *SC*、

多元化战略 *HHI* 等变量回归系数的符号和显著性均未发生变化，表明回归模型是稳健的。

表 5-7 变换估计方法检验结果

变量	模型（5-2） 因变量 *AGE*	模型（5-3） 因变量 *AGE*	模型（5-4） 因变量 *AGE*
SC	-0.0864*** (0.0066)	-0.0890*** (0.066)	-0.2232*** (0.0188)
HHI	—	-0.8055*** (0.0673)	-1.7378*** (0.1435)
SC×HHI	—	—	0.1840*** (0.0244)
MBO	0.0122*** (0.0013)	0.0213*** (0.0013)	0.0169*** (0.0013)
OC	-0.0071*** (0.0010)	-0.0070*** (0.0010)	-0.0076*** (0.0010)
ln *size*	-0.0400** (0.0172)	-0.0579** (0.0170)	0.0550*** (0.0168)
AGE	0.0113*** (0.0039)	-0.0096*** (0.0038)	0.0098*** (0.0038)
ALR	-0.0040*** (0.0011)	-0.0041*** (0.0011)	-0.0428*** (0.0011)
MI	-0.0886*** (0.0101)	-0.0865*** (0.0100)	-0.0840*** (0.0100)
OWNERSHIP	-0.5997*** (0.0426)	-0.5618*** (0.0421)	-0.5461*** (0.0417)
YEAR	YES	YES	YES
INDUSTRY	YES	YES	YES
Cons	8.4746*** (0.4056)	9.3320*** (0.4066)	9.9211*** (0.4109)
卡方	Chi2（28）=4277.89***	Chi2（29）=4445.11***	Chi2（30）=4536.81***

注：***表示1%的显著性水平，**表示5%的显著性水平，自变量系数下面括号里的数值是标准差。

（2）替换变量法。企业经营所涉及的行业数 *N* 也可以代表企业的多元化水平，因此本书用行业数 N 替换模型中的赫芬达尔指数 HHI，检验结果如表 5-8 所示。需要特别说明的是，企业经营所涉及的行业数 N 越多，则赫芬达尔指数 HHI 越小，这对替换变量相互之间是负向关系，表 5-5 中 HHI 的回归系数均为负，而表 5-8 中 N 的回归系数恰恰均为正，表明变量替换之后，多元化与经营风险之间关系的检验结果没有变化。对比表 5-8 与表 5-5 中其他变量的回归结果，回归系数的符号和显著性也未发生显著变化，表明模型是稳健的。

表 5-8　替换变量方法检验结果

变量	模型（5-3） 因变量 *AGE*	模型（5-4） 因变量 *AGE*
SC	-0.0773*** (0.0272)	-0.1350*** (0.0572)
N	0.1985*** (0.0507)	0.2618*** (0.0749)
SC×HHI	—	0.0804*** (0.0701)
MBO	0.0131*** (0.0044)	0.0130*** (0.0044)
OC	-0.0109*** (0.0040)	-0.0109*** (0.0040)
ln *size*	-0.3197*** (0.0740)	-0.3212*** (0.0740)
AGE	0.0424*** (0.0154)	0.0420*** (0.0154)
ALR	-0.0087** (0.0043)	-0.0086** (0.0043)
MI	-0.0479 (0.0417)	-0.0083 (0.0417)
OWNERSHIP	-0.3611** (0.1753)	-0.3630** (0.1753)
YEAR	YES	YES
INDUSTRY	YES	YES

续表

变量	模型（5-3） 因变量 *AGE*	模型（5-4） 因变量 *AGE*
Cons	13.6796*** (1.6214)	13.5744*** (1.6238)
Wald 卡方	Chi2（29）= 926.08***	Chi2（30）= 927.64***

注：***表示1%的显著性水平，**表示5%的显著性水平，自变量系数下面括号里的数值是标准差。

5.5　社会资本和多元化影响经营风险的研究结论

本章基于 2011—2017 年中国 755 家上市公司的 5078 个样本，对企业家社会资本、多元化战略与企业经营风险之间的关系进行了实证检验。本章的实证研究结果有力地支持了第 2 章的理论分析、研究假设。

1. 企业家社会资本有利于分散企业经营风险

研究结果显示，企业家社会资本对企业经营风险具有显著的负向影响，即企业家社会资本越丰富，企业经营风险越小，企业家社会资本能够有效地分散企业经营风险，验证了研究假设 H5。虽然直接研究企业家社会资本与企业经营风险的文献很少，但是诸多学者在其他研究中也有相关的论断。该结论与张敏和黄继承（2009）[126]、杨东进和邓吉（2013）[100]、Ooi 和 Hooy 等（2015）[124]、吴颖宣和施建军（2018）[125]等学者的观点一致。该结论也进一步证明在中国经济转轨过程中，由于制度、政策以及市场化机制等正式制度体系不完善，社会资本这种非正式制度能够弥补正式制度的缺失（胡旭阳，2006[78]；张敏、黄继承，2009[126]）。企业不仅可以通过企业家社会资本保障产权，还可以获取机会、稀缺资源，降低制度交易成本和企业经营风险（张建君、张志学，2005[122]；游家兴、刘淳，2011[65]；吴颖宣、施建军，2018[125]）。同时，该结论也与第 3 章调查问卷的分析结果一致，表明无论是从理论角度还是从经营实践的角度，企业家社会资本均能够有效降低风险。

2. 实施多元化战略提高了企业经营风险

研究结果显示，多元化战略对企业经营风险具有显著的正向影响，即在我国转轨经济背景下多元化战略提高了经营风险，该结论验证了研究假设 H6。该结论印证了 Olibea（2008）[153]、杨强和汪波等（2008）[155]、吴国鼎和张会丽（2015）[156]、郑晓光和班桢（2016）[157]等学者的观点，实施多元化战略导致企业产生资源分散、管理失衡、决策效率降低等问题，提高了企业的经营风险。该结论与第 3 章调查问卷的分析结果不同，表明在经营实践中，企业家仍然倾向于认为多元化战略能够分散经营风险。事实上，很多学者也认为分散经营风险是企业实施多元化战略的重要动因（姜付秀、刘志彪等，2006[145]；沈红波，2007[146]；胡成根、李刚，2010[147]；李姝，2013[149]；闫迪、郑少锋，2018[150]）。说明无论是企业家还是学者，在对待多元化战略与经营风险的问题时，更多关注的是通过“不将鸡蛋放在一个篮子里”分散风险，而忽视了多元化战略对企业能力的要求，并非实施多元化战略就可以分散风险。

3. 多元化战略在企业家社会资本与经营风险之间的关系中发挥着调节效应

研究结果表明，多元化战略会弱化或干扰企业家社会资本与企业经营风险的关系，多元化战略对企业家社会资本与经营风险关系的负向调节效应显著，该结论验证了研究假设 H7。根据前文的理论分析，企业多元化战略对企业家社会资本与经营风险的关系具有调节效应，只是企业多元化战略的调节效应是正向还是负向尚不好确定。如果企业具备实施多元化战略的资源和能力等条件，多元化战略能够顺利开展，那么多元化战略可以分散经营风险，在这种情境下多元化战略对企业家社会资本与经营风险关系的调节效应是正向的，即进一步增强了企业家社会资本分散经营风险的力度。否则，多元化战略提高了经营风险，在该情境下多元化战略对企业家社会资本与经营风险关系的调节效应则是负向的。之所以会出现负向调节效应，是因为经济转轨期的特殊背景。转轨经济的不确定性、政府干预等因素成为企业多元化经营的重要诱因。很多企业实施多元化战略的决策是在外部制度环境的压力或潜在机会的吸引力下做出的（杨典，2011[248]；张雷，2011[249]）。在这种情况下，实施多元化战略的决策并不完全“理性”，有可能超出了企业自身的能力边界，多元化经营不仅不能分散经营风险，反而提高了经营风险，削弱了企业家社会资本分散经营风险的效果。

4. 中国上市公司管理层持股存在显著的“堑壕防御”效应

研究结果显示，管理层持股对企业经营风险具有显著的正向影响，即管理层持股比例越高企业经营风险越大。这印证了周春梅（2015）[163]的观点，中国上市公司存在明显的“堑壕防御”效应。根据委托代理理论，管理层持有一定比例的股权可以有效降低因所有权与控制权分离所引发的管理者机会主义行为。但是当管理者取得足够大的权力时，市场约束力就会明显下降，就有可能谋取私利，从而增加代理成本、提高企业经营风险，产生“堑壕防御”行为。另外，随着持股比例的增加，管理者还会产生追求自身利益而非所有者利益的动机，通过“隧道挖掘”转移企业资源和利润损害其他股东利益（Beyer and Czarnitzki et al.，2012）。[298]中国上市公司对管理层的激励以股权激励为主，期权激励相对较少。但是股权激励并不能对管理层未来的工作进行有效激励，无法有效解决代理问题，而且股权激励使得管理层减持套现成为普遍现象，挫伤公司股价，影响公司形象和长远发展。因此，从经营风险管理角度来看，管理层持股一定要适度。

5. 适当的股权集中有助于降低经营风险

研究结果表明，股权集中度与经营风险之间存在显著的负向关系。即股权越集中经营风险越小。在企业实际经营管理中，股权集中度会影响治理成本和治理效果，进而影响经营风险。有的学者（唐跃军、谢仍明，2006）[289]认为股权集中度越高，股东操控企业资源获取个人利益的可能性就越大，甚至会通过关联交易、资金担保等方式将上市公司的优质资产转移，结果导致上市公司丧失了大量的现金资源、增加了潜在的清偿风险。但是本书的研究结论恰好相反，相对集中的股权结构有利于降低企业经营风险。一方面，当企业遭遇财务恶化、资金链断裂等风险时，控股股东会利用自身在信息、资金等方面的优势对上市公司进行资助，帮助其渡过难关，这在一定程度上起到了降低风险的作用；另一方面，在中国资本市场尚不健全的情况下，股权结构过于分散、散户投资者过多会增加企业经营风险。因此，建议上市公司提高股权集中度，积极引进机构投资者。机构投资者的投资经验更丰富，掌握的信息更多，投资更理性，规避和控制风险的能力更强，有利于降低企业的经营风险，保持企业平稳发展。

5.6 管理启示与对策

5.6.1 管理启示

根据本章实证研究的结论，企业家社会资本能够分散经营风险，在经济转轨背景下实施多元化战略提高了经营风险，多元化战略作为调节变量弱化了企业家社会资本对经营风险的分散作用。结合第 2 章的理论分析和第 3 章的问卷分析结果，本章可以得出如下管理启示：

（1）企业家社会资本对经营风险的影响具有时代性。企业家应该认识到，企业家社会资本能够有效保障企业家产权利益，对于防控和处理经营风险具有积极作用，但是企业家更应该清醒地认识到，企业家社会资本的作用具有明显的时代性，其时代背景就是转轨经济期正式制度的缺失。随着市场化和法治化进程的加快，传统以政商关系为中心的企业家社会资本的作用会逐渐降低。

（2）重视多元化战略提高经营风险的影响。尽管很多学者认为分散经营风险是实施多元化战略的重要动因，多数企业家也认为多元化战略能够分散经营风险，但是根据本章的结论可以明确，在转轨经济背景下，实施多元化提高了企业的经营风险，并且弱化了企业家社会资本对经营风险的分散作用。因此，多元化战略是把“双刃剑”。如果在某些条件的引导下盲目实施多元化战略，超出了企业自身能力允许的边界，那么多元化战略导致的经营风险有可能会给企业带来灭顶之灾。

5.6.2 管理对策

企业要重视企业家社会资本分散经营风险的作用，合理利用企业家社会资本规避经营风险，同时也要关注在转轨经济期多元化战略提高经营风险这一特殊情境，量力而行，合理实施多元化战略。

5.6.2.1　合理利用企业家社会资本规避经营风险

理论和实证研究均表明，企业家社会资本能够帮助企业分散经营风险。尤其是在中国经济转轨期间，外部制度环境不完善，企业家社会资本能够部分弥补正式制度的缺失，帮助企业解决经营中所遇到的困难，获取发展机会和稀缺资源。因此，企业要重视企业家社会资本的作用，在不违反法律和道德准则的前提下合理利用企业家社会资本规避经营风险。

企业应注重构建新型社会资本体系和立体化风险防范机制。在倡导政府与企业要“亲”和“清”的背景下，企业家应把握好政商关系的本质和原则，建立“绿色化”政商关系。同时，积极处理好与利益相关者的关系，打造良性的企业发展生态圈，探索构建新型企业家社会资本。合理发挥企业家社会资本的作用，建立起事前、事中和事后有机结合的立体化风险防范机制，有效分散企业风险，保证企业平稳、健康和持续发展。

5.6.2.2　注意规避企业家社会资本的负面影响

尽管企业家社会资本能够在一定程度上帮助企业规避经营风险，但是企业投资企业家社会资本还应量力而行，注意规避其负面影响。

一方面，企业应该清醒地认识到，企业家社会资本发挥作用在很大程度上是基于营商环境不完善的前提。目前，随着改革的深化，政府不断改善营商环境，企业家社会资本的效用将逐渐降低。企业应该适应新环境的变化，合理调整企业家社会资本的投资方向和投资力度。

另一方面，企业应该高度重视企业家社会资本的负面影响。过度依赖企业家社会资本不仅会占用企业发展资金和企业家精力，还容易陷入路径依赖，限制企业的创新能力，阻碍企业竞争力提升。

因此，企业家在合理利用企业家社会资本的同时，也应该有意识地规避其负面影响，保障企业健康、可持续发展。

5.6.2.3　理性实施多元化战略

企业实施多元化战略既要考虑外在环境，也要结合自身实际情况量力而行。在企业动态能力与多元化战略不匹配的情况下，盲目实施多元化战略会给企业带来更多的风险。因此，企业不应盲目实施多元化战略，当动态能力足够强大且与多元化战略相匹配时，实施多元化战略方能帮助企业有效分散经营风险。在企业规模不够大、动态能力不够强的情况下选择多元化经营需谨慎。

还应认识到企业实施多元化战略的动因复杂，决策不一定完全基于自身竞争优势和动态能力，如多元化战略决策还受到管理者道德风险等问题的影响。因此，多元化战略决策一定要理性。

对于已经实施多元化战略的企业，在考量企业家社会资本应对风险的能力时，也要考虑企业多元化经营的负向调节效应。一方面，不要高估企业家社会资本对经营风险的分散能力；另一方面，警惕多元化的负向调节作用，基于自身能力合理控制多元化经营的范围和规模，防范经营风险。

5.7 本章小结

本章基于“制度—行为”范式分析了企业家社会资本、多元化战略与企业经营风险的关系，重点考察了多元化战略在企业家社会资本影响企业经营风险过程中的调节效应。基于上海和深圳 A 股市场 755 家上市公司 2011—2017 年的面板数据实证分析的回归结果，研究假设 H5、H6、H7 均通过验证。研究结果显示，企业家社会资本有利于分散企业经营风险；实施多元化战略提高了企业经营风险；多元化战略对企业家社会资本和经营风险的关系具有负向调节作用；公司治理和激励制度对上市公司经营风险具有显著影响，上市公司管理层持股存在显著的“堑壕防御”效应；相对集中的股权集中度有利于降低企业经营风险。基于实证研究结论本章提出了合理利用企业家社会资本规避经营风险、注意规避企业家社会资本负面影响和理性实施多元化战略的对策建议。

第6章

结 论

改革开放40多年，中国市场化水平不断提升，但是市场机制仍不够完善。面对市场机制和制度体系不完善的营商环境，企业家社会资本在一定程度上弥补了正式制度的缺失，对企业经营产生了重要影响。学术界开展的相关研究也表明企业家社会资本作为一种战略性异质资源，对企业动态能力、多元化战略和经营风险具有重要影响，但是关于企业家社会资本影响多元化战略与经营风险的研究较少。本书构建了涵盖企业家社会资本、企业动态能力、多元化战略和经营风险的理论研究模型，揭示了其相互之间的影响机理，并通过实证研究验证了企业家社会资本与动态能力、多元化战略、经营风险的关系。本书所得到的主要结论如下：

（1）基于资源基础理论、动态能力理论、企业家社会资本理论和制度基础理论研究了企业家社会资本、企业动态能力、多元化战略和企业经营风险之间相互作用的机理。结果表明企业动态能力在企业家社会资本与多元化战略的关系中发挥了中介作用；多元化战略对企业家社会资本与经营风险的关系具有调节效应。

（2）基于调查问卷数据的研究结果显示，企业家社会资本和企业动态能力均对多元化战略具有促进作用，且企业动态能力能促进企业家社会资本更好地发挥作用；企业家社会资本能帮助企业控制和应对风险；企业存在过度投资企业家社会资本的倾向，对企业有一定负面影响。

（3）针对企业家社会资本、动态能力和多元化战略关系的实证研究表明，企业家社会资本对企业动态能力和多元化战略均具有显著的正向影响，并且动态能力在企业家社会资本与多元化战略的关系中发挥了中介作用。企业应该重视动态能力的中介作用，在动态能力可承受的范围内适度开展多元化才能充分发挥企业家社会资本的优势，实现经营效益最大化。

（4）针对企业家社会资本、多元化战略和经营风险关系的实证研究表明，企业家社会资本对经营风险具有显著的负向影响，而多元化战略对经营风险具有显著的正向影响，多元化战略对企业家社会资本与经营风险的关系具有显著的负向调节效应，从而弱化企业家社会资本分散经营风险的作用。

本书的主要创新点如下：

（1）构建了企业家社会资本、动态能力与多元化战略的作用机理模型，揭示了企业家社会资本经由企业动态能力的中介作用影响多元化战略的机理，明确了企业家社会资本及其获取的资源需要通过动态能力转化为企业竞争优势的路径。目前，多数研究成果集中于企业家社会资本对多元化战略的直接影响，本书则拓展了该领域的理论研究框架。

（2）构建了企业家社会资本、多元化战略与经营风险的作用机理模型，揭示了多元化战略通过调节效应影响企业家社会资本与经营风险关系的机理。现有文献针对企业家社会资本与经营风险关系的研究较少，综合考虑企业家社会资本、多元化战略与经营风险关系的研究更少。因此，本书丰富了企业家社会资本与风险管理研究领域的理论成果。

（3）构建了动态能力对企业家社会资本与多元化战略关系的中介效应模型，并通过实证研究验证了动态能力在企业家社会资本与多元化战略关系中的中介效应。该结论为解释众多中国企业实施多元化战略的失败提供了新视角。

（4）构建了多元化战略对企业家社会资本与经营风险关系的调节效应模型，并通过实证研究验证了在转轨经济背景下实施多元化战略可提高经营风险的结论，以及多元化战略对企业家社会资本与经营风险关系的调节效应。该结论填补了企业家社会资本、多元化战略与经营风险关系研究的空白，丰富了风险管理理论。

受到研究条件和数据的限制，本书的研究仍然存在一定局限性，有待于在今后的研究中进行论证。本书未来的研究展望如下：

（1）企业家社会资本是本书的核心研究变量，但是企业家社会资本的内涵非常广泛，其测度较难。本书基于数据可获取性的考虑，从社会地位、经济地位和社会声誉 3 个维度对企业家社会资本进行测度。尽管通过这种方式间接测度企业家社会资本是学界通常采取的方式，有其合理性，但其仍然不能完全反映企业家社会资本的全貌。在今后的研究中，本书可以尝试通过对典型企业的管理者进行深度访谈来深入了解企业家社会资本的详细情况。同时，基于访谈资料，结合企业所处的区域、行业等外部环境开展案例研究，将企业家社会资本对企业经营战略和风险的影响场景化。

（2）改革开放40多年，制度环境对企业、企业家群体的发展和成长具有重要影响。研究企业家社会资本对企业多元化战略和经营风险的影响，应该充分考虑区域市场化程度的影响，但是受到上市公司分布情况的制约，本书对市场化程度影响的研究还不够深入细致。今后可分区域开展相关研究，以进一步探寻市场化水平的影响。

参 考 文 献

［1］ZHANG P，NAN Y. China's economic growth and structural transition since 1978［J］. China Economist，2018，13（1）：22-57.

［2］SCHUMPETER J. The theory of economic development［M］. Cambridge：Harvard University Press，1934：135.

［3］冯丽艳，肖翔，程小可．社会责任对企业经营风险的影响效应：基于我国经济环境的分析［J］. 南开管理评论，2016，19（6）：141-154.

［4］RUMELT R. Diversification strategy and profitability［J］. Strategic Management Journal，1982，3（4）：359-369.

［5］CHANDLER A D. Strategy and structure［M］. Cambridge：MIT Press，1962：104.

［6］RICHARD W，MAYER M. The European corporation：strategy，structure，and social science［M］. Oxford：Oxford University Press，2000：1-5.

［7］GUILLEN M F. Business groups in emerging economies：a resource-based view［J］. Academy of Management Journal，2000，43（3）：362-380.

［8］CHEN SHENG-S，KIM W H. Corporate diversification，ownership structure，and firm value：the singapore evidence［J］. International Review of Financial-analysis，2000，9（3）：315-327.

［9］MONTGOMERY C A. Corporate diversification［J］. The Journal of Economic Perspectives，1994，8（3）：163-178.

［10］HOSKISSON R E，HITT M A. Antecedents and performance outcomes of diversification：a review and critique of theoretical perspectives［J］. Journal of Management，1990，16（2）：461-509.

［11］MARKIDES C. Consequences of corporate refocusing：ex ante evidence［J］. Academy of Management Journal，1992，35（2）：398-412.

［12］姜付秀．我国上市公司多元化经营的决定因素研究［J］．管理世界，2006（5）：128-135.

［13］KHANNA T，PALEPU K. Why focused strategies be wrong for emerging market［J］. Harvard Business Review，1997（4）：41-51.

［14］CHUNG K. Business groups in Japan and Korean［J］. International Journal of Political Economy，2003，34（3）：131-154.

［15］LARRY F，HOUSTON J，NARANJO A. Cross-country evidence on the value of corporate industrial and international diversification［J］. Journal of Corporate Finance，2004，10（5）：729-752.

［16］蓝海林，李铁瑛，王成．中国企业战略管理行为的情景嵌入式研究［J］．管理学报，2009，6（1）：78-83.

［17］黄山，宗其俊，蓝海林．我国企业集团多元化动因的分析［J］．科学学与科学技术管理，2006（8）：108-116.

［18］邓新明．我国民营企业政治关联、多元化战略与公司绩效［J］．南开管理评论，2011，4（11）：4-15.

［19］蓝海林．中国企业战略行为的解释：一个整合情境——企业特征的概念框架［J］．管理学报，2014，11（5）：653-658.

［20］张序．企业家概念及其相关问题辨析［J］．中国社会科学，2005（1）：122-127.

［21］刘天利．企业家社会资本、动态能力与商业模式创新研究［D］．西安：西北大学，2018：22-23.

［22］KNIGHT F H. Risk，uncertainty and profit［M］. Boston：Houghton Mifflin Company，The Riverside Press，1921：2-10.

［23］GARTNER W B. A conceptual framework for describing the phenomenon of new venture creation［J］. Academy of Management Review，1985，10（4）：696-706.

［24］赵延东．社会资本理论的新进展［J］．国外社会科学，2003（3）：54-59.

［25］张素平．企业家社会资本影响企业创新能力的内在机制研究

[D]. 杭州：浙江大学，2013：40-45.

[26] GRANOVETTER M. Economic action and social structure: the problem of embeddedness [J]. American Journal of Sociology, 1985, 91 (3): 481-510.

[27] COLEMAN J. Social capital in the creation of human capital [J]. American Journal of Sociology, 1988 (94): S95-S120.

[28] 弗朗西斯·福山. 信任：社会美德与创造经济繁荣 [M]. 彭志华，译. 海口：海南出版社，2001：30-31.

[29] PORTES A. Economic sociology and the sociology of immigration: a conceptual overview. in the economic sociology of immigration [M]. New York: Russell Sage Foundation, 1995: 87-127.

[30] 林南. 社会资本：关于社会结构与行动的理论 [M]. 张磊，译. 上海：上海人民出版社，2005：18-27.

[31] 张其仔. 社会资本论 [M]. 北京：社会科学文献出版社，1997：58-63.

[32] 李路路. 私营企业主的个人背景与企业“成功” [J]. 中国社会科学，1997 (2)：134-146.

[33] 李惠斌，杨雪冬. 社会资本与社会发展 [M]. 北京：社会科学文献出版社，2000：31-33.

[34] 边燕杰，丘海雄. 企业的社会资本及其功效 [J]. 中国社会科学，2000 (3)：87-99.

[35] 彭正龙，姜卫韬. 企业家社会资本：概念、影响机制及其研究新方向 [J]. 经济管理，2008，30 (10)：10-16.

[36] 魏虹，陈传明. 企业家社会资本的概念与内涵辨析：基于中国社会情境下的理论探讨 [J]. 现代管理科学，2014 (2)：3-5.

[37] CLYDE M J. The concept and use of social networks, in social network in urban situations [M]. Manchester: Manchester University Press, 1969: 193-215.

[38] LANMANN E O, GALSKEIWICZ I. MARDSEN P V. Community structure of interorganizational linkages [J]. Annual Review of Sociology, 1978

(4): 455-484.

[39] NAHAPIET J, GHOSHAL S. Social capital, intellectual capital, and the organizational advantage [J]. Academy of Management Review, 1998, 23 (2): 242-266.

[40] WESTLUND H, BOLTON R. Local social capital and entrepreneurship [J]. Small Business Economies, 2003, 21 (2): 77-113.

[41] BAT JARGAL B, MANNIE L. Entrepreneurs' access to private equity in China: the role of social capital [J]. Organization Science, 2004, 15 (2): 159-172.

[42] ACQUAAH M. Managerial social capital, strategic orientation and organizational performance in an emerging economy [J]. Strategic Management Journal, 2007, 28 (12): 1235-1255.

[43] CAO Q, SIMSEK Z, JANSEN P. CEO social capital and entrepreneurial orientation of the firm [J]. Journal of Management, 2015, 41 (7): 1957-1981.

[44] 李路路. 社会资本与私营企业家：中国社会结构转型的特殊动力 [J]. 社会科学研究，1995 (6): 46-58.

[45] 石秀印. 中国企业家成功的社会网络基础 [J]. 管理世界，1998 (6): 187-208.

[46] 杨鹏鹏，万迪昉，王廷丽. 企业家社会资本及其与企业绩效的关系——研究综述与理论分析框架 [J]. 当代经济科学，2005 (4): 85-91.

[47] 姜卫韬. 基于结构洞理论的企业家社会资本影响机制研究 [J]. 南京农业大学学报（社会科学版），2008, 8 (2): 21-29.

[48] 耿新. 企业家社会资本、吸收能力与组织动态能力——以小型科技企业为例 [J]. 经济理论与政策研究，2009（第二辑）: 122-135.

[49] 孙俊华，陈传明. 企业家社会资本与多元化战略：一个多视角的分析 [J]. 科学学与科学技术管理，2009 (8): 176-181.

[50] 孙俊华，陈传明. 人口背景特征与企业家社会资本的形成 [J]. 经济管理，2011 (9): 107-113.

[51] 李巍，代智豪，丁超. 企业家社会资本影响经营绩效的机制研

究：商业模式创新的视角［J］. 华东经济管理，2018，32（2）：51-57.

［52］LIAO J W, WELSCH H. Social capital and entrepreneurial growth aspiration: a comparison of technology and non-technology-based nascent entrepreneurs［J］. The Journal of High Technology Management Research, 2003, 14（1）: 149-170.

［53］BRANNON D L, WIKLUND J, HAYNIE J M. The varying effects of family relationships in entrepreneurial Teams［J］. Entrepreneurship Theory and Practice, 2013, 37（1）: 107-132.

［54］PUTNAM R D, LEONARDI R, NANETTI R Y. Making democracy work: civic traditions in modern Italy［M］. Princeton: Princeton University Press, 1993: 258.

［55］ADLER P S, KWON S. Social capital: prospects for a new concept［J］. Academy of Management Review, 2002, 27（1）: 17-40.

［56］LI H G, CHEN Z W, MA G X. Corporate reputation and performance: a legitimacy perspective［J］. Entrepreneurial Business and Economics Review, 2016, 4（3）: 181-193.

［57］BURT R S. Structural holes: the social structure of competition［M］. Cambridge: Harvard University Press, 1992: 13-34.

［58］INKPEN A C, TSANG E W K. Social capital, networks, and knowledge transfer［J］. Academy of Management Review, 2005, 30（1）: 146-165.

［59］ISHISE H, SAWADA Y. Aggregate returns to social capital: estimates based on the augmented augmented-solow model［J］. Journal of Macroeconomics, 2009, 31（3）: 376-393.

［60］CHEN Y, LIN T, YEN D C. How to facilitate inter-organizational knowledge sharing: the impact of trust［J］. Information & Management, 2014, 51（5）: 568-578.

［61］杨惠芳．企业家社会资本对中小企业商业信用融资的影响［J］. 社会科学战线，2017（3）：260-264.

［62］OLSON M. The rise and decline of nations: economic growth, stagflation and social rigidities [M]. New Haven: Yale University Press, 1982: 197-203.

[63] CHEUNG S N S. The contractual nature of the firm [J]. Journal of Law and Economics, 1983, 26 (1): 1-21.

[64] 陈传明，周小虎. 关于企业家社会资本的若干思考 [J]. 南京社会科学，2001 (11): 1-6.

[65] 游家兴，刘淳. 嵌入性视角下的企业家社会资本与权益资本成本：来自我国民营上市公司的经验证据 [J]. 中国工业经济，2011 (6): 109-119.

[66] MOATTI V, CHARLOTTE R, ANAND J, et al. Disentangling the performance effects of efficiency and bargaining power in horizontal growth strategies: an empirical investigation in the global retail industry [J]. Strategic Management Journal, 2015, 36 (5): 745 -757.

[67] COOKE P, WILLS D. Small firms, social capital and the enhancement of business performance through innovation programs [J]. Small Business Economics, 1999 (3): 219-234.

[68] 严成樑. 社会资本、创新与长期经济增长 [J]. 经济研究，2012 (11): 48-60.

[69] 张振刚，李云健，袁斯帆，等. 企业家社会资本、产学研合作与专利产出：合作创新意愿的调节作用 [J]. 科学学与科学技术管理，2016，37 (7): 54-64.

[70] 王涛，陈志军. 企业家社会资本对企业技术创新能力的影响研究 [J]. 新疆大学学报（哲学·人文社会科学版），2016 (6): 11-18.

[71] XU Y. Entrepreneurial social capital, cognitive orientation and new venture innovation [J]. Management Research Review, 2016, 39 (5): 498-520.

[72] 万建香，汪寿阳. 社会资本与技术创新能否打破“资源诅咒”：基于面板门槛效应的研究 [J]. 经济研究，2016 (11): 76-89.

[73] 沈颂东，房建奇. 民营企业家社会资本与技术创新绩效的关系研究：基于组织学习的中介作用和环境不确定性的调节作用 [J]. 吉林大学社会科学学报，2018，58 (2): 60-72.

［74］梁爽，张海洋，平新乔，等．财富、社会资本与农户的融资能力［J］．金融研究，2014（4）：83-97.

［75］ELFRING T，HUKSINK W．Networks in entrepreneurship：the case of high-technology firms［J］．Small Business Economics，2003，221（4）：409-422.

［76］李淑芬，张玲．企业家社会资本与原生型集群企业资源获取之关系考察［J］．统计与决策，2012（24）：190-193.

［77］ALLEN F，QIAN J，QIAN M J．Law，finance and economic growth in China［J］．Journal of Financial Economics，2005，77（1）：57-116.

［78］胡旭阳．民营企业家的政治身份与民营企业的融资便利：以浙江省民营百强企业为例［J］．管理世界，2006（5）：107-113.

［79］罗党论，唐清泉．中国民营上市公司制度环境与绩效问题研究［J］．经济研究，2009（2）：106-118.

［80］赵德志，赵曼．政治关联、市场化程度与民营企业并购绩效［J］．辽宁大学学报（哲学社会科学版），2018（6）：63-71.

［81］HAMBRICK D C，MASON P A．Upper echelons：the organization as a reflection of its top managers［J］．Academy of Management Review，1984，9（2）：193-206.

［82］FRIENDMAN E，JOHNSON S，MITTON T．Propping and tunneling［J］．Journal of Comparative Economics，2003，31（4）：732-750.

［83］CARPENTER M A，GELETKANYCZ M A，GERARD S W．Upper echelons research revisited：antecedents，elements，and consequences of top management team composition［J］．Journal of Management，2004，30（6）：749-778.

［84］GUILLEN，MAURO F．Business groups in emerging economies：a resource-based view［J］．Academy of Management Journal，2000，43（3）：362-380.

［85］CHANG S J，HONG J．How much does the business group matter in Korea?［J］．Strategic Management Journal，2002，23（3）：265-274.

［86］PERRY T，PEYER U．Board seat accumulation by executives：a shareholder's perspective［J］．Journal of Finance，2005，60（4）：2083-2123.

［87］巫景飞，何大军，王云，等．高层管理者政治网络与企业多元化

战略：社会资本视角：基于我国上市公司面板数据的实证分析［J］. 管理世界，2008（8）：107-118.

［88］李伟斌. 企业社会资本对企业多元化战略及绩效影响研究［D］. 长沙：中南大学，2010：52-53.

［89］于克信，谢佩洪. 转型期中国企业多元化经营的制度根源及范式构建研究［J］. 管理世界，2011（7）：180-181.

［90］冯栋，杜颜伟，李宇庆. 高管团队的社会资本与企业多元化战略决策：基于中国上市公司数据的实证研究［J］. 东岳论丛，2011（5）：176-181.

［91］邬绮虹. 企业家资本、多元化战略与绩效的关系研究［D］. 广州：华南理工，2014：58-61.

［92］杨艳，邓乐，陈收. 企业生命周期、政治关联与并购策略［J］. 管理评论，2014（10）：152-159.

［93］张平，梁驰. 不确定环境下政治关联与企业多元化战略的研究［J］. 华南理工大学学报（社会科学版），2017，19（6）：68-76.

［94］刘文楷，潘爱玲，邱金龙. 企业生命周期、企业家社会资本与多元化并购［J］. 经济经纬，2017（6）：152-159.

［95］贺远琼，田志龙. 企业家行为与企业社会资本［J］. 财贸研究，2006（1）：81-91.

［96］胡旭阳，史晋川. 民营企业的政治资源与民营企业多元化投资：以中国民营企业500强为例［J］. 中国工业经济，2008（4）：5-14.

［97］游家兴，邹雨菲. 社会资本、多元化战略与公司业绩：基于企业家嵌入性网络的分析视角［J］. 南开管理评论，2014（10）：91-101.

［98］魏炜，朱青元，林桂平. 政治关联、多元化并购与企业并购绩效［J］. 管理学报，2017，14（7）：998-1005.

［99］冯业栋，宋增基. 社会责任、政治关联与公司多元化发展：来自中国民营上市公司的证据［J］. 重庆大学学报（社会科学版），2019，25（2）：59-73.

［100］杨东进，邓吉. 房地产业的政治关联、多元化与企业绩效关系

研究：基于上市公司的实证分析［J］. 软科学，2013（11）：17-21.

［101］唐健雄，倪媛玉．管理层社会资本、多元化经营与公司风险：以旅游业上市公司为例［J］. 湖南财政经济学院学报，2015（12）：36-44.

［102］TEECE D, PISANO G. The dynamic capabilities of firms: an introduction［J］. Industrial and Corporate Change, 1994, 3（3）: 537-556.

［103］EISENHARDT K M, MARTIN J A. Dynamic capabilities: what are they?［J］. Strategic Management Journal, 2000（21）: 1105-1121.

［104］马忠，刘宇．企业多元化经营受政府干预、企业资源的影响［J］. 中国软科学，2010（1）：116-127.

［105］HARRELD J B, O'REILLY C A, TUSHMAN M. L. Dynamic capabilities at IBM: driving strategy into action［J］. California Management Review, 2007, 49（4）: 21-43.

［106］ERIK D, PAUL N G. Dynamic capabilities as antecedent of the scope of related diversification: the case of small firm accountancy practices［J］. Strategic Management Journal, 2008（29）: 841-857.

［107］NATH P, NACHIAPPAN S, RAMANATHAN R. The impact of marketing capability, operations capability and diversification strategy on performance: a resource-based view［J］. Industrial Marketing Management, 2010, 39（2）: 317-329.

［108］赵凤，王铁男，张良．多元化战略对企业绩效影响的实证研究［J］. 中国软科学，2012（11）：111-122.

［109］李思琦．企业多元化战略与动态能力的相互作用机制［J］. 企业改革与管理，2014（5）：2-3.

［110］胡钢，曹兴．知识视角下动态能力对多元化战略影响的研究［J］. 科研管理，2014，35（9）：98-105.

［111］尹剑峰．基于动态能力的组织认定与企业多元化战略选择［J］. 中国石油大学学报（社会科学版），2018，34（1）：22-27.

［112］盛宇华，蒋后卿．高科技企业技术多元化与企业绩效的关系研究：动态能力的调节作用［J］. 工业技术经济，2018（2）：13-21.

[113] BARRY B, ROBERT E H. Diversification strategy and R&D intensity in multiproduct firms [J]. Academy of Management Journal, 1989, 32 (2): 310-332.

[114] HILL C W L, SCOTT A S. Effects of ownership structure and control on corporate productivity [J]. Academy of Management Journal, 1989, 32 (1): 25-46.

[115] RICHARDSON S. Over investment of free cash flow [J]. Review of Accounting Studies, 2006 (11): 159-189.

[116] HOSKISSON R E, HITT M A. Strategic control systems and relative R&D investment in large multi-product firms [J]. Strategic Management Journal, 1988, 9 (6): 605-621.

[117] BORREGO A C, FORCADELL F J. Related diversification and R&D intensity dynamics [J]. Research Policy, 2010, 39 (4): 537-548.

[118] 魏锋，石淦. 多元化经营、研发投入与公司绩效 [J]. 经济与管理研究，2008 (11): 49-54.

[119] 康华，王鲁平，梁倩. 多元化经营对企业研发活动的影响研究 [J]. 科技进步与对策，2012，29 (17): 86-91.

[120] 许春. 中国企业非相关多元化与创新投入关系研究 [J]. 科研管理，2016，37 (7): 62-70.

[121] CHEN K, HILLMAN A, GU Q. Fiscal re-centralization and behavioral change of local governments: from the helping hand to the grabbing hand [J]. China Economic Quarterly, 2002, 2 (1): 111-130.

[122] 张建君，张志学. 中国民营企业家的政治战略 [J]. 管理世界，2005 (7): 94-105.

[123] SHENG S, ZHOU K Z, LI J J. The effects of business and political ties on firm performance: evidence from China [J]. Journal of Marketing, 2011, 75 (1): 1-15.

[124] OOI C A, HOOY C W, SOM A P M. Diversity in human and social capital: empirical evidence from Asian tourism firms in corporate board composi-

tion [J]. Tourism Management, 2015, 48 (6): 139-153.

[125] 吴颖宣，施建军. 董事会社会资本、外部环境与企业风险 [J]. 山西财经大学学报，2018 (8): 82-92.

[126] 张敏，黄继承. 政治关联、多元化与企业风险：来自我国证券市场的经验证据 [J]. 管理世界，2009 (7): 156-164.

[127] 滕颖，李颖. 企业资源对企业多元化扩张方式的影响：基于企业家外部关系的实证研究 [J]. 科学与管理，2015, 35 (4): 18-26.

[128] 刘兴国，沈志渔，周小虎. 社会资本对创业的影响研究 [J]. 中国科技论坛，2009 (4): 102-106.

[129] DE CAROLIS D M, SAPARITO P. Social capital cognition and entrepreneurial opportunities: a theoretical framework [J]. Entrepreneurship Theory and Practice, 2006, 30 (1): 41-56.

[130] 张航燕，刘兴国，沈志渔. 社会资本对创业风险影响的分类解析 [J]. 产经评论，2011 (9): 41-48.

[131] PĂUNESCU C, BADEA M R. Examining the social capital content and structure in the pre-start-up planning [J]. Procedia Economics & Finance, 2014 (15): 560-568.

[132] 任胜钢，彭宇柯，赵天宇. 关系社会资本的交互效应对新创企业发展绩效影响的纵向案例研究 [J]. 管理学报，2015 (10): 1429-1435.

[133] MA Z Z, WANG L, KEITH C. The paradox of social capital in China: venture capitalists and entrepreneurs' social ties and public listed firms' technological innovation performance [J]. Asian Journal of Technology Innovation, 2019, 26 (3): 306-324.

[134] ACHARYA V, AMIHUD Y, LITOV L. Creditor rights and corporate risk-taking [J]. Journal of Financial Economics, 2011, 102 (1): 150-166.

[135] CUCCULELLI M, ERMINI B. New product introduction and product tenure: what effects on firm growth? [J]. Research Policy, 2012, 41 (5): 808-821.

[136] BOUBAKRI N, COSSET J C, SAFFAR W. The role of state and

foreign owners in corporate risk-taking: evidence from privatization [J]. Journal of Financial Economics, 2013, 108 (3): 641-658.

[137] 卢馨，郑阳飞，建明. 融资约束对企业 R&D 投资的影响研究：来自中国高新技术上市公司的经验证据 [J]. 会计研究，2013 (5): 51-58.

[138] 张敏，童丽静，许浩然. 社会网络与企业风险承担：基于我国上市公司的经验证据 [J]. 管理世界，2015 (11): 161-175.

[139] LARCKER D, SO E C, WANG C C Y. Boardroom centrality and firm performance [J]. Journal of Accounting and Economics, 2013, 55 (2/3): 225-250.

[140] 刘衡，苏坤. 连锁董事网络对公司风险承担的影响 [J]. 经济学报，2017 (1): 119-140.

[141] MAY D O. Do managerial motives influence firm risk reduction strategies [J]. Journal of Finance, 1995, 50 (4): 1291-1308.

[142] MARKHAM J W. Conglomerate enterprise and public policy [D]. Harvard: Graduate School of Business Administration, Harvard University, 1973: 85-88.

[143] AMIHUD Y, BARUCH L. Risk reduction as a managerial motive for conglomerate mergers [J]. The Bell Journal of Economics, 1981, 12 (2): 605-617.

[144] 朱江. 我国上市公司的多元化战略和经营业绩 [J]. 管理世界，1999 (11): 54-61.

[145] 姜付秀，刘志彪，陆正飞. 多元化经营、企业价值与收益波动：以中国上市公司为例的实证研究 [J]. 财经问题研究，2006 (11): 27-35.

[146] 沈红波. 我国上市公司的多元化战略与公司绩效 [J]. 上海管理科学，2007 (2): 7-11.

[147] 胡成根，李刚. 多元化与公司风险研究 [J]. 运筹与管理，2010, 19 (3): 116-123.

[148] 王福胜，宋海旭. 终极控制人、多元化战略与现金持有水平 [J]. 管理世界，2012 (7): 124-136.

［149］李姝．多元化、盈余波动性及公司治理的调节效应［J］．山西财经大学学报，2013，35（12）：104-112.

［150］闫迪，郑少锋．农业上市公司多元化经营风险分析［J］．财会通讯，2018（8）：43-46.

［151］MONTGOMERY C A，HARBIR S. Diversification［J］. Strategic Management Journal，1984，5（2）：181-191.

［152］BARTON S. Diversification strategy and systematic risk another look［J］. Academy of Management Journal，1988（34）：324-362.

［153］OLIBEA K O，MICHELLOB F A，THORNE J. Systematic risk and international diversification：an empirical perspective［J］. International Review of Financial Analysis，2008，17（4）：681-698.

［154］陈莉，张卓．中国上市公司多元化战略及其系统风险研究［J］．企业经济，2005（2）：183-185.

［155］杨强，汪波，吕荣胜．企业多元化战略的动因及其风险分析［J］．北京交通大学学报（社会科学版），2008，7（3）：85-88.

［156］吴国鼎，张会丽．多元化经营是否降低了企业的财务风险？——来自中国上市公司的经验证据［J］．中央财经大学学报，2015（8）：94-101.

［157］郑晓光，班桢．上市公司多元化的风险分析：以重庆啤酒为例［J］．商业会计，2016（10）：89-91.

［158］LUBATKIN M，O'NEIL H. Merger strategies and capital market risk［J］. Academy of Management Journal，1987（30）：665-684.

［159］CHANG Y，THOMAS H. The impact of diversification strategy on risk-return performance［J］. Strategic Management Journal，1989（10）：271-284.

［160］GOLDBERG S R，HEFLIN F L. The association between the level of international diversification and risk［J］. Journal of International Financial Management & Accounting，1995，6（1）：1-25.

［161］KWOK C Y，DAVID M R. Internationalization and firm risk：an upstream-downstream hypothesis［J］. Journal of International Business Studies，

2000，31（4）：611-629.

［162］王亮，刘敦虎，彭青峰，等．多元化经营与企业风险关联研究［J］．统计与决策，2009（20）：164-166.

［163］周春梅．旅游上市公司多元化投资与企业风险：经理人堑壕防御的调节效应［J］．财经问题研究，2015（3）：61-68.

［164］温忠麟，张雷，侯杰泰，等．中介效应检验程序及其应用［J］．心理学报，2004，36（5）：614-620.

［165］费孝通．乡土中国［M］．北京：北京大学出版社，2012：22-29.

［166］安维东．企业家社会网络、控制权配置与家族企业成长［D］．北京：首都经济贸易大学，2016：30.

［167］PENG M W，LUO Y D. Managerial ties and firm performance in a transition economy：the nature of a micro-macro link［J］. Academy of Management Journal，2000（3）：486-501.

［168］石军伟，胡立君，付海艳．企业社会资本的功效结构：基于中国上市公司的实证研究［J］．中国工业经济，2007（2）：84-93.

［169］马丽媛．企业家社会资本的测量及其对企业绩效的影响：基于新兴第三产业上市公司的实证研究［J］．南方经济，2010（5）：33-45.

［170］韦影．企业社会资本的测量研究［J］．科学学研究，2007，25（3）：518-522.

［171］孙俊华，陈传明．企业家社会资本与公司绩效关系研究：基于中国制造业上市公司的实证研究［J］．南开管理评论，2009，12（2）：28-36.

［172］ANSOFF H I. Strategies for diversification［J］. Harvard Business Review，1957，35（5）：113-124.

［173］RAMANUJAM V，VARADARAJAN P. Research on corporate diversification：a synthesis［J］. Strategic Management Journal，1989，10（6）：523-551.

［174］TEECE D J. Economies of scope and the scope of the enterprise［J］. Journal of Economic Behavior and Organization，1980，1（3）：223-247.

［175］NATHANSON D，CASSANO J. What happens to profits when a company diversifies? [J]. Wharton Magazine, 1982 (Summer): 19-26.

[176] HOSKISSON R E, JOHNSON R A, MOESEL D. Corporate divestiture intensity in restructuring firms: effects of governance, strategy, and performance [J]. Academy of Management Journal, 1994, 37 (5): 1207-1251.

[177] 毛蕴诗. 多元化经营三维模型及多元化经营的几个命题 [J]. 中山大学学报（社会科学版）, 2004 (6): 211-217.

[178] 洪道麟, 熊德华, 刘力. 所有权性质、多元化和资本结构内生性 [J]. 经济学（季刊）, 2007 (4): 1165-1184.

[179] WILLIAMS C A, HEINE R M. Risk management and insurance [M]. New York: McGraw-Hill, 1985: 99-125.

[180] JORION P. Value at risk: the new benchmark for managing financial risk [M]. New York: McGraw-Hill, 2005: 3-30.

[181] KAHNEMAN D, TVERSKY A. The framing of decisions and the psychology of choice [J]. Psychological Review, 1981 (95): 371-384.

[182] FISCHHOFF B. Acceptable risk: the analysis and management [J]. Journal of Policy Analysis Management, 1983 (2): 559-575.

[183] 丁友刚, 胡兴国. 内部控制、风险控制与风险管理：基于组织目标的概念解说与思想演进 [J]. 会计研究, 2007 (12): 51-54.

[184] 周兆安. 社会资本经典理论研究：一个从微观到宏观的分析框架 [J]. 广州青年政治学院学报, 2009, 23 (76): 65-70.

[185] POLANYI. The great transformation: the political and economic origins of our time [M]. Boston: Beacon Press, 1944: 56-59.

[186] GRANOVETTER M. Problems of explanation in economic sociology [M]. Boston: Harvard Business School Press, 1992: 25-56.

[187] ECHOLS A, TSAI W. Niche and performance: the moderating role of network embeddedness [J]. Strategic Management Journal, 2005, 26 (3): 219-238.

[188] LIN N, DAYTON P, GREENWALD P. Analyzing the instrumental uses of relations in the context of social structure [J]. Sociological Methods and Research, 1978, 7 (2): 149-166.

［189］ LIN N. Social capital：a theory of social structure and action ［M］. Cambridge：Cambridge University Press，2001：243-246.

［190］ BURT R. Structural holes versus network closure as social capital ［M］. LIN N，COOK K，BURT R S. Social capital：theory and research New York：Aldine-de Gruyter，2001：31-56.

［191］ PENROSE E G. The theory of the growth of the firm ［M］. New York：Wiley，1959.

［192］ LIPPMAN S A，RUMELT R P. Uncertain imitability：an analysis of interfirm differences in efficiency under competition ［J］. The Bell Journal of Economics，1982 （13）：418-438.

［193］ RUMELT R P. Towards a strategic theory of the firm ［J］. Competitive Strategic Management，1984 （26）：556-571.

［194］ WERNERFELT B. A resource-based view of the firm ［J］. Strategic Managemnet，1984，5 （2）：171-180.

［195］ BARNEY J B. Firm resources and sustained competitive advantage ［J］. Journal of Management，1991 （17）：99-120.

［196］ BARNEY J B. Gaining and sustaining competitive advantage ［M］. 2nd ed. New York：Pearson Education，Inc. ，2002：173-177.

［197］ PETERAF. The cornerstones of competitive advantage：a resource-based view ［J］. Strategic Management Journal，1993 （14）：179-191.

［198］ TEECE D J，PISANO G，SHUEN A. Dynamic capabilities and strategic management ［J］. Strategic Management Journal，1997 （18）：509-533.

［199］ HELFAT C，FINKELSTEIN S，MITCHELL W，et al. Dynamic capabilities：understanding strategic change in organizations ［M］. MA：Blackwell Publishing Malden，2007：135-139.

［200］ WEST B C，BATTLESON D A，KIM J，et al. Achieving dynamic capabilities with cloud computing ［J］. The IEEE Computer Society，2014 （11）：18-22.

［201］ LEE J，LEE K，RHO S. An evolutionary perspective on strategic group emergency: a genetic alorithm-based model [J]. Strategic Management Journal, 2002, 23 (8): 727-746.

[202] ZAHRA S A, SAPIENZA H J, DAVIDSSON P. Entrepreneurship dynamic capabilities: review, model [J]. Journal of Management Studies, 2006, 43 (4): 917-955.

[203] WANG C L, AHMED P K. Dynamic capabilities: a review and research agenda [J]. International Journal of Management Reviews, 2007, 9 (1): 31-51.

[204] KARIM S, MITCHELL W. Path dependent and path breaking change: reconfiguring business resources following acquisitions in the U. S. medical sector, 1978—1985 [J]. Strategic Management Journal, 2000, 21 (10/11): 1061-1081.

[205] ZOLLO M, WINTER S G. Deliberate learning and the evolution of dynamic capabilities [J]. Organization Science, 2002, 13 (3): 339-351.

[206] FANG E, ZOU S. Antecedents and consequences of marketing organizational capabilities in international joint ventures [J]. Journal of International Business Study, 2009 (40): 742-761.

[207] JIANG P. Knowledge transfer in firms under the promotion of dynamic capability research [J]. Modern Economy, 2015, 6 (9): 965-970.

[208] SCHWEIZER L, ROGBEER S, MICHAELIS B. The dynamic capabilities perspective: from fragments to meta-theory [J]. Management Research Review, 2015, 38 (7): 662-684.

[209] 辛雅青，李镕臣．基于制度基础观的战略管理研究述评 [J]. 经济评论，2015 (8): 105-109.

[210] NORTH D C. Institutions, institutional change and economic performance [M]. Cambridge, UK: Cambridge University Press, 1990: 6-8.

[211] OLIVER C. Strategic responses to institutional processes [J]. Academy of Management Review, 1991, 16 (1): 145-179.

[212] SCOTT W R. Institutions and organization [M]. Thousands Oaks,

CA: Sage, 2001: 21-45.

[213] PENG M W, HEATH P. The growth of the firm in planned economies in transition: institutions, organizations, and strategic choice [J]. Academy of Management Review, 1996, 21 (2): 492-528.

[214] PENG M W. Institutional transactions and strategic choices [J]. Academy of Management Review, 2003, 28 (2): 275-296.

[215] NORTH D C. Economic performance through time [J]. American Economic Review, 1994, 84 (3): 359-368.

[216] HOSKISSON R E, EDEN L, LAU C M, WRIGHT M. Strategy in emerging economies [J]. Academy of Management Journal, 2000, 43 (3): 249-267.

[217] PENG M W, SUN S L, PINKHAM B, CHEN H. The institution-based view as a third leg for a strategy tripod [J]. Academy of Management Perspectives, 2009, 23 (4): 63-81.

[218] GUPTA V K, GUO C, CANEVER M, et al. Institutional environment for entrepreneurship in rapidly emerging major economies: the case of Brazil, China, India, and Korea [J]. International Entrepreneurship and Management Journal, 2014, 10 (2): 367-384.

[219] 章卫东，成志策，周冬华，等. 上市公司过度投资、多元化经营与地方政府干预 [J]. 经济评论，2014 (3): 139-152.

[220] 姚俊，吕源，蓝海林. 我国上市公司多元化与经济绩效关系的实证研究 [J]. 管理世界，2004 (11): 119-125.

[221] 刘琼，邓亚中. 基于资源基础观的企业多元化理论现状与展望 [J]. 云南财经大学学报，2015 (2): 82-89.

[222] BROMILEY P, CUMMINGS L. Transactions costs in organizations with trust [J]. Research on Negotiation in Organizations, 1995 (5): 219-250.

[223] CHATTERJEE S, WERNERFELT B. Related or unrelated diversification: a resource based approach [J]. Academy of Management best Papers Proceedings, 1988 (8): 7-11.

[224] 宋海旭. 基于投资者视角的上市公司多元化战略对企业价值的

影响研究［D］. 哈尔滨：哈尔滨工业大学，2013：40-41.

［225］梁上坤，金叶子，王宁，等．企业社会资本的断裂与重构：基于雷士照明控制权争夺案例的研究［J］. 中国工业经济，2015（4）：149-160.

［226］叶蓓．董事会异质性、多元化战略与企业价值［J］. 华东经济管理，2017（3）：146-153.

［227］SUBRAMANIAM M，YOUNDT M A. The influence of intellectual capital on the types of innovative capabilities［J］. Academy of Management Journal, 2005, 48（3）: 450-463.

［228］VON DEN DRIESCH T，DA COSTA M E S，FLATTEN T C，et al. How CEO experience, personality, and network affect Firms' dynamic capabilities［J］. European Management Journal, 2015, 33（4）: 245-256.

［229］PEDRO M，GARCÍA-VILLAVERDEA，JOB R-A，et al. Technological dynamism and entrepreneurial orientation: the heterogeneous effects of social capital［J］. Journal of Business Research, 2018（83）: 51-64.

［230］BLYLER M，COFF R. Dynamic capabilities, social capital, and rent appropriation: ties that split pies［J］. Strategic Management Journal, 2003, 24（7）: 677-686.

［231］杨鹏鹏，袁治平．企业家社会资本影响企业动态能力的机理分析：以民营科技小企业为例［J］. 情报杂志，2008（9）：146-150.

［232］WU L Y. Resources, dynamic capabilities and performance in a dynamic environment: perceptions in Chinese Taiwanese IT enterprises［J］. Information & Management, 2006, 43（4）: 447-454.

［233］姜卫韬．中小企业自主创新能力提升策略研究：基于企业家社会资本的视角［J］. 中国工业经济，2012（6）：107-119.

［234］高照军，韦夏，孙轶．动态资源论视角下管理者政治联系的价值：关于中国高管离职的实证研究［J］. 科学学与科学技术管理，2015（1）：171-180.

［235］李辉，王聪．企业家社会资本对组织动态能力的作用路径研究：基于自主创新水平的中介效应分析［J］. 经济经纬，2016（2）：107-112.

[236] SILVERMAN B S. Technological resources and the direction of corporate diversification: toward an integration of the resource-based view and transaction cost economics [J]. Management Science, 1999, 45 (8): 1109-1124.

[237] 焦豪. 双元型组织竞争优势的构建路径：基于动态能力理论的实证研究 [J]. 管理世界, 2011 (11): 76-91.

[238] KHANNA T, PALEPU K. The future of business groups in emerging markets: long-run evidence from Chile [J]. Academy of Management Journal, 2000, 43 (3): 268-285.

[239] HELLMAN J, SCHANKERMAN M. Intervention, corruption and capture: the nexus between enterprises and state [J]. Economics of Transition, 2000, 8 (3): 545-576.

[240] AHLSTROM D, BRUTON G, LIU S. Navigating China's changing economy: strategies for private firms [J]. Business Horizons, 2000, 43 (1): 5-15.

[241] PARK S H, LUO Y. Guanxi and organizational dynamics: organizational networking in Chinese firms [J]. Strategic Management Journal, 2010, 22 (5): 455-477.

[242] DASGUPTA P, SERAGELDIN I. Social capital: a multifaceted perspective [M]. Washington DC: World Bank, 2000: 36-39.

[243] OLIVER C. Sustainable competitive advantage: combining institutional and resource-based views [J]. Strategic Management Journal, 1997, 18 (9): 697-713.

[244] DANIS W, CHIABURU D S, LYLES M A. The impact of managerial networking intensity and market-based strategies on firm growth during institutional upheaval: a study of small and medium-sized enterprises in a transition economy [J]. Journal of International Business Studies, 2010, 41 (2): 287-307.

[245] PENG M W, ZHOU J. How network strategies and institutional transitions evolve in Asia [J]. Asia Pacific Journal of Management, 2005, 22 (4): 321-336.

[246] SHLEIFER A, VISHNY R W. A survey of corporate governance

[J]. Journal of Finance, 1997, 52 (2): 737-783.

[247] 冯旭日，海丹凤．股权结构、多元化战略与财务绩效 [J]. 辽宁工程技术大学学报（社会科学版），2018，20（4）：267-274.

[248] 杨典．国家、资本市场与多元化战略在中国的兴衰：一个新制度主义的公司战略解释框架 [J]. 社会科学研究，2011（6）：102-131.

[249] 张雷．基于制度视角的企业多元化分析框架研究 [J]. 山东大学学报（哲学社会科学版），2011（5）：39-47.

[250] ZAHRA S A, GEORGE G. Absorptive capacity: a review, re-conceptualization and extension [J]. Academy of Management Review, 2002, 27 (2): 185-203.

[251] MAKKONEN H, POHJOLA M, OLKKONEN R, et al. Dynamic capabilities and firm performance in a financial crisis [J]. Journal of Business Research, 2014, 67 (1): 2707-2719.

[252] EDWAD W, ROGERS M A. Theoretical look at firm performance in high-tech organizations: what does existing theory tell us [J]. Journal of High Technology Management Research, 2005, 12 (1): 39-61.

[253] 王建军，昝冬平．动态能力、危机管理与企业竞争优势关系研究 [J]. 科研管理，2015，36（7）：79-85.

[254] RAJAN R, SERVAES H, ZINGALES L. The cost of diversity: the diversification discount and inefficient investment [J]. The Journal of Finance, 2000, 55 (1): 35-80.

[255] WULF J. Influence and inefficiency in the internal capital market [J]. Journal of Economic Behavior & Organization, 2009, 72 (1): 305-321.

[256] 魏宝滨．多元化战略的动机与风险 [J]. 企业改革与管理，2012（10）：13-14.

[257] GERBING D W, ANDERSON J C. An updated paradigm for scale development incorporating unidimensionality and its assessment [J]. Journal of Marketing Research, 1988, 25 (2): 186-192.

[258] DUNN S C, SEAKER R F. Latent variable in business logistics re-

search: scale development and validation [J]. Journal of Business Logistics, 1994, 15 (2): 145-172.

[259] BERDIE D R. Reassessing the value of high response rates to mail surveys [J]. Marketing Research, 1994, 1 (3): 52-64.

[260] KHWAJA A I, MIAN A. Do lenders favor politically connected firms? rent seeking in an emerging financial market [J]. Quarterly Journal of Economics, 2005, 120 (4): 1371-1411.

[261] BOUBAKRI M, COSSET J C, SAFFAR W. Political connections of newly privatized firms [J]. Journal of Corporate Finance, 2008, 14 (5): 654-673.

[262] FISMAN R. Estimating the value of political connections [J]. American Economic Review, 2001, 91 (4): 1095-1102.

[263] CLAESSENS E, FEIJEN E, LAEVEN L. Political connections and preferential access to finance: the role of campaign contributions [J]. Journal of Financial Economics, 2008, 88 (3): 554-580.

[264] AKEY P. Valuing changes in political networks: evidence from campaign contributions to close congressional elections [J]. Review of Financial Studies, 2015, 28 (11): 3188-3223.

[265] 马晓维，苏忠秦，曾琰，等. 政治关联、企业绩效与企业行为的研究综述 [J]. 管理评论，2010，22 (2)：3-10.

[266] 邓新明，熊会兵，李剑峰，等. 政治关联、国际化战略与企业价值：来自中国民营上市公司面板数据的分析 [J]. 南开管理评论，2014，17 (1)：26-43.

[267] 蔡庆丰，田霖，郭俊峰. 民营企业家的影响力与企业的异地并购：基于中小板企业实际控制人政治关联层级的实证发现 [J]. 中国工业经济，2017 (3)：156-173.

[268] 张良，刘蓉. 治理现代化视角下我国地方行业协会外部治理体系重构研究：以上海实践为例 [J]. 华东理工大学学报（社会科学版），2015 (4)：86-95.

[269] 邓健，马红玲，马琳. 企业家社会资本、竞争战略选择与企业

绩效：基于中国制造业上市公司的实证研究［J］. 工业技术经济，2015（5）：150-160.

［270］DACIN M T, OLIVER C, ROY J. The legitimacy of strategic alliances: an institutional perspective［J］. Strategic Management Journal, 2007, 28（2）：169-187.

［271］YOUNG C, TSAI L. The sensitivity of compensation to social capital: family CEOs vs. nonfamily CEOs in the family business groups［J］. Journal of Business Research, 2008, 61（4）：363-374.

［272］陈倩倩，尹义华. 民营企业、制度环境与社会资本：来自上市家族企业的经验证据［J］. 财经研究，2014，40（11）：71-814.

［273］尤成德，张建琦，张艳丽，等. 企业家关系网络与组织知识获取：管制政策的权变影响［J］. 情报杂志，2016，35（6）：195-201.

［274］CLAESSENS D. Disentangling the incentive and entrenchment effects of large shareholdings［J］. Journal of Finance, 2002（6）：2741-2771.

［275］刘茉，王文忠，刘勋. 企业家荣誉对银行信贷合约的影响研究［J］. 技术经济与管理研究，2017（2）：66-72.

［276］CALOGHIROU Y, PROTOGEROU A, SPANOS Y, PAPAGIANNAKIS L. Industry-versus firm-specific effects on performance: contrasting SMEs and large-sized firms［J］. European Management Journal, 2004, 22（2）：231-243.

［277］TEECE D J. Explicating dynamic capabilities: the nature and microfoundations of（sustainable）enterprise performance［J］. Strategic Management Journal, 2007, 28（13）：1319-1350.

［278］石春生，何培旭，刘微微. 基于动态能力的知识资本与组织绩效关系研究［J］. 科技进步与对策，2011，28（5）：144-148.

［279］龚一萍. 企业动态能力的度量及评价指标体系［J］. 华东经济管理，2011（9）：150-154.

［280］杨鹏鹏，许译文，李星树. 民营企业家社会资本、动态能力影响企业绩效的实证研究［J］. 山西财经大学学报，2015，37（9）：101-112.

［281］杨坤，肖淑玉. 信息不对称与服务企业多元化程度及绩效关系

研究［J］. 管理学报，2011，8（4）：539-543.

［282］谢卫红，王田绘，王永健. 创业导向、IT 能力与技术创新关系研究：多元化程度的影响［J］. 经济管理，2013（10）：57-67.

［283］卫龙宝，方师乐，吴建，等. 中国农业上市公司多元化经营与企业绩效［J］. 农业经济问题，2017（12）：62-72.

［284］BERGER P G，OFEK E. Diversification's effect on firm value［J］. Journal of Financial Economics，1995，37（1）：39-65.

［285］JIRAPORN P，KIM Y S，DAVIDSON W N. Corporate governance，shareholder rights and firm diversification：an empirical analysis［J］. Journal of Banking & Finance，2006，30（6）：947-963.

［286］CHATTERJEE S，HARRISON J S，BERGH D. Failed takeover attempts，corporate governance and refocusing［J］. Strategic Management Journal，2003，24（1）：87-96.

［287］魏锋. 公司治理视角下的多元化经营与公司绩效［J］. 管理科学，2007（6）：2-10.

［288］黄海波，李树茁. 公司治理与多元化经营：基于我国上市公司的实证研究［J］. 经济与管理研究，2007（6）：70-76.

［289］唐跃军，谢仍明. 大股东制衡机制与现金股利的隧道效应：来自1999—2003 年中国上市公司的证据［J］. 南开经济研究，2006（1）：60-78.

［290］YIN H，ZHANG L Q，ZHANG Y H. The effect of ownership concentration and related diversification strategy of entrepreneurial enterprises on enterprise performance［J］. EURASIA Journal of Mathematics，Science and Technology Education，2017，13（12）：8073-8087.

［291］旷卫东. 资本结构、多元化发展与企业成长：基于我国制造业上市公司数据［J］. 财会月刊，2015（26）：36-41.

［292］BARON R M，KENNY D A. The moderator-mediator variable distinction in social psychological research：conceptual，strategic，and statistical considerations［J］. Journal of Personality and Social Psychology，1986，51（6）：1173-1182.

[293] ME S. Asymptotic confidence intervals for indirect effects in structural equation models [M]. LEINHARDT S. Sociological methodology. Washington, DC: American Sociological Association, 1982: 290-312.

[294] 曹华莹. 高管社会资本与企业多元化战略相关性研究 [J]. 财会通讯, 2017 (30): 72-76.

[295] 方红星, 陈作华. 高质量内部控制能有效应对特质风险和系统风险吗? [J]. 会计研究, 2015 (4): 70-77.

[296] 余明桂, 李文贵, 潘红波. 民营化、产权保护与企业风险承担 [J]. 经济研究, 2013 (9): 112-124.

[297] 翟胜宝, 张胜, 谢露, 等. 银行关联与企业风险: 基于我国上市公司的经验证据 [J]. 管理世界, 2014 (4): 53-59.

[298] BEYER M, CZARNITZKI D, KRAFT K. Managerial ownership, entrenchment and innovation [J]. Economics of Innovation and New Technology, 2012, 21 (7): 679-699.

附　录

“企业家社会资本对企业多元化与经营风险的影响”调查问卷

尊敬的女士/先生：

您好！

非常感谢您在百忙之中拨冗协助填答本问卷。本问卷旨在研究“企业家社会资本对企业多元化与经营风险的影响”。

问卷问题的答案无对错之分，您的回答对研究结论具有至关重要的影响，请选择与实际情况最为接近的答案。本问卷所获取的资料仅供学术研究之用，绝不用于任何商业目的，请您放心客观填答。

为表谢意，如果您对本研究的结论感兴趣，请留下您的姓名和电子邮箱，届时我会将研究结果及时发送给您！

再次感谢您的协助与支持！

一、背景资料

（一）个人基本信息

1. 您在企业中的职位（　　）

A. 董事长　　B. CEO　　C. 其他管理人员

2. 您的性别（　　）

A. 男　　B. 女

3. 您的年龄（　　）

A. 35 岁及以下　　B. 36~45 岁

C. 46~55 岁　　D. 56 岁及以上

4. 您的学历（　　）

A. 专科及以下　　B. 本科

C. 硕士　　D. 博士

5. 您的专业背景（　　）

A. 技术类　　B. 管理类

6. 您从事本行业的年限（　　）

A. 5 年以下　　B. 5~10 年　　C. 10 年以上

（二）企业基本信息

1. 贵公司所在省份：________

2. 贵公司成立年份：______

3. 贵公司是否上市（　　）

A. 上市　　B. 非上市

4. 贵公司的所有制形式是（　　）

A. 国有独资或者控股企业　　B. 集体企业

C. 民营企业　　D. 外商独资或者控股企业

5. 贵公司的员工人数（　　）

A. 100 人以下　　B. 100~500 人

C. 500~2000 人　　D. 2000~5000 人

E. 5000 人及以上

6. 贵公司的资产规模（　　）

A. 2000 万元以下　　B. 2000 万~5000 万元

C. 0.5 亿~1 亿元　　D. 1 亿~5 亿元

E. 5 亿~10 亿元　　F. 10 亿~50 亿元

G. 50 亿~100 亿元　　H. 100 亿元及以上

7. 贵公司的年营业收入（　　）

A. 2000 万元以下　　B. 2000 万~5000 万元

C. 0.5 亿~1 亿元　　D. 1 亿~5 亿元

E. 5 亿~10 亿元　　F. 10 亿~50 亿元

G. 50 亿~100 亿元　　H. 100 亿元及以上

8. 贵公司的资产负债率（　　）

A. 20%以下　　B. 20%~50%

C. 50%~80%　　D. 80%及以上

二、企业家社会资本情况

1. 您担任（　　）人大代表或政协委员

A. 国家级　　B. 省级

C. 市级　　D. 区县级

E. 无

2. 您获得过（　　）政府的荣誉称号或表彰嘉奖（如五一劳动奖章、劳动模范、先进个人、优秀企业家、三八红旗手等称号及表彰嘉奖）

A. 国家级　　B. 省级

C. 市级　　D. 区县级

E. 无

3. 您在商业协会任（　　）职务

A. 理事长　　B. 副理事长

C. 会长　　D. 副会长

E. 无

4. 您是否认识以下人员，关系如何。

序号	人物	关系密切程度			
		不认识	仅仅认识	有点交往	很熟悉
1	市级以上政府官员				
2	市级以上两会代表				
3	支行行长以上银行行长				
4	行业领先企业的董事长或 CEO				
5	科研院所研究人员或高校教授				
6	政府职能部门公务员				

5. 以下关于企业家社会资本的表述，请您根据贵公司的实际情况选择最认同的数字。数字含义如下：5 代表完全同意；4 代表同意；3 代表基本同意；2 代表不同意；1 代表完全不同意。

序号	观点	选项				
		1	2	3	4	5
1	通过关系促进企业发展很正常					
2	企业家的社会关系网络对企业成败具有重要的影响					
3	企业家与政府职能部门相关人员建立良好的关系，企业更容易得到政策支持					

续表

序号	观点	选项				
		1	2	3	4	5
4	企业家与银行等金融机构的主要负责人建立良好的关系，企业能够获得融资便利					
5	企业家社会关系越丰富，越容易及时获得市场信息、技术和经营管理知识等资源，能更好地促进企业发展					
6	企业家与主要供应商建立良好的关系，能够得到其更好的支持					
7	企业家与主要客户建立良好的关系，能够得到其更好的支持					
8	企业家建立社会关系而花费的时间比对内企业管理还要多					
9	市场化程度越高，企业家社会资本的作用越小					

三、企业多元化经营情况

1. 截至 2021 年底，贵公司从事经营的行业数量：

A. 2 个　　B. 3 个

C. 4 个　　D. 5 个或 5 个以上

2. 您所在企业的多元化类型：

A. 相关多元化　　B. 非相关多元化

3. 贵公司开展多元化经营的原因是（最多可选择 3 项）：

A. 壮大企业规模　　B. 分散经营风险

C. 充分利用资源　　D. 节约交易成本

四、社会资本、多元化与企业经营风险的关系

以下关于企业家社会资本、多元化和企业经营风险关系的表述，请您根据自己的认同程度选择相应的数字，数字含义如下：5 代表完全同意；4 代表同意；3 代表基本同意；2 代表不同意；1 代表完全不同意。

序号	观点	选项				
		1	2	3	4	5
1	企业家社会资本越丰富，企业越倾向于多元化经营					
2	企业的动态能力越强，企业越倾向于多元化经营					
3	多元化经营能够帮助企业分散企业风险					
4	企业的动态能力越强，企业家社会资本越容易发挥作用					
5	企业家社会资本对控制和应对风险具有重要的作用					

索　引